NomosReferendariat

Wolf-Tilman Baumert
Oberstaatsanwalt, Wuppertal

Staatsanwaltschaftlicher Sitzungsdienst

5. Auflage

Die Deutsche Nationalbibliothek verzeichnet diese Publikation in der Deutschen Nationalbibliografie; detaillierte bibliografische Daten sind im Internet über http://dnb.d-nb.de abrufbar.

ISBN 978-3-7560-0343-3 (Print)
ISBN 978-3-7489-3643-5 (ePDF)

5. Auflage 2023
© Nomos Verlagsgesellschaft, Baden-Baden 2023. Gesamtverantwortung für Druck und Herstellung bei der Nomos Verlagsgesellschaft mbH & Co. KG. Alle Rechte, auch die des Nachdrucks von Auszügen, der fotomechanischen Wiedergabe und der Übersetzung, vorbehalten.

Vorwort zur 5. Auflage

Sie halten hier die fünfte Auflage des von dem ehemaligen Kollegen Deventer begründeten Werkes über den staatsanwaltschaftlichen Sitzungsdienst in den Händen. Wie der von mir sehr geschätzte OStA a.D. Deventer zu seiner aktiven Zeit bin auch ich als Oberstaatsanwalt bei der Staatsanwaltschaft Wuppertal tätig und hier seit vielen Jahren der Ausbildungsleiter. Zusätzlich bin ich aber auch Arbeitsgemeinschaftsleiter vor Ort und als Prüfer für die zweite juristische Staatsprüfung bei dem Landesjustizprüfungsamt Nordrhein-Westfalen tätig. Neben der Anpassung des Inhalts an in letzter Zeit erfolgte Gesetzesänderungen habe ich für Sie an manchen Stellen den „Praxistipp" eingefügt, der Ihnen die wichtigsten Verhaltensweisen vor Gericht in einer besonders komprimierten Form einprägsam näher bringen soll. Auch wenn im Examen weniger Geschehnisse und Abläufe einer Hauptverhandlung abgefragt werden, sollten Sie die in diesem Buch vermittelten Grundlagen zumindest in der mündlichen Examensprüfung abrufen können. Auch für die Prüfungsvorbereitung empfiehlt sich daher nochmals „ein Blick" in dieses Buch. Der Hauptzweck dieses Buches liegt aber in der Vorbereitung und Begleitung des Sitzungsdienstes. Wie mir auch einer Vielzahl von Gesprächen mit Referendarinnen und Referendaren und auch noch aus eigener Erinnerung heraus bekannt ist, gibt es kaum etwas, was während der Referendarausbildung mehr Spannung beinhaltet aber auch praktisches Wissen verlangt als der eigene Sitzungsdienst. Regelmäßig steht man nach dem Studium zum ersten Mal eigenverantwortlich und auch allein vor Gericht. Ihnen in dieser besonderen Situation die Grundlagen zu vermitteln und darüber hinaus das Leben durch Praxistipps, Formulierungshilfen und Vorstücke zu erleichtern ist der Sinn des vorliegenden Werkes.

Bei der Reihenfolge der Schilderung folgt das Buch dem chronologischen Ablauf einer Strafsache vor dem Amtsgericht. Im Idealfall sollte dieses Buch Ihnen ermöglichen, ohne Rückgriff auf weitere Literatur die Herausforderungen, die Ihnen der Sitzungs-

Vorwort zur 5. Auflage

dienst dort stellt, meistern zu können. Dies gilt auch für die im Nachgang zur Sitzung von Ihnen zu fertigenden Berichte.

Im Anhang finden Sie wie in den Vorauflagen nochmals alle im Text enthaltenen Anträge sowie ein Notiz-/Plädoyerformular, das auch auf der Internetseite Nomos-Shop.de zum Download zur Verfügung steht und das Sie in der Sitzung als Ausfüllformular verwenden können. Dort finden Sie ebenfalls ein Sitzungsberichtformular, das Sie für die Niederschrift Ihrer Sitzungsberichte benutzen können.

Wuppertal, Dezember 2022 Wolf-Tilman Baumert

Inhalt

§ 1	Die Vorbereitung der Hauptverhandlung	9
§ 2	Die Hauptverhandlung/Beweisaufnahme	13
	I. Anwesenheit des Angeklagten	19
	II. Verlesung des Anklagesatzes	31
	III. Beiordnung eines Pflichtverteidigers	33
	IV. Vernehmung des Angeklagten nach § 243 Abs. 5 StPO	38
	V. Beweisaufnahme	39
	1. Zeugenvernehmung	39
	2. Nebenkläger – Zeuge	56
	3. Augenschein	58
	4. Sachverständige	59
	5. Verlesung von Urkunden/Protokollen	62
	6. Amtsaufklärungspflicht und Beweisanträge	63
	VI. Erteilung eines rechtlichen Hinweises gemäß § 265 StPO	70
	VII. Nachtragsanklage gemäß § 266 StPO	72
	VIII. Befangenheit	76
	IX. Blutalkoholberechnung	84
	X. Störungen in der Hauptverhandlung	92
§ 3	Verfahrensbeendigung durch Einstellung ohne Urteil	95
	I. § 153 StPO	97
	II. § 153a StPO	99
	III. § 154 StPO (Mehrfachtäter)	103
	IV. § 154a StPO (Beschränkung)	107
	V. § 206a StPO/§ 260 Abs. 3 StPO (Verfahrenshindernis/Einstellungsurteil)	108
	VI. Kosten-/Nebenentscheidungen bei Einstellungen	109
§ 4	Plädoyer	111
	I. Vorbereitung	111
	II. Aufbau und Gegenstand des Plädoyers bei Antrag auf Verurteilung	112
	III. Strafzumessung	116

IV.	Gesamtstrafenbildung	122
V.	Nebenfolgen bei Verurteilung	124
VI.	Adhäsionsverfahren	135
VII.	Verurteilung vor dem Jugendgericht	137
VIII.	Freispruch	150
IX.	Teilfreispruch	155
X.	Plädoyer des Verteidigers und Erwiderung	155
XI.	Rechtsmittelverzicht	156

§ 5 Nach der Hauptverhandlung/Sitzungsberichte 157

Wichtige Anträge 163

Notiz-/Plädoyerformular 169

Sitzungsberichtsformular 179

Stichwortverzeichnis 181

§ 1 Die Vorbereitung der Hauptverhandlung

In der Woche vor der Sitzung erhalten Sie die **Handakten** der in der Sitzung zur Verhandlung anstehenden Strafsachen. 1
Als Erstes sollten Sie anhand der Sitzungsrolle des Gerichtes, auf der die im Termin anstehenden Sachen aufgelistet sind, überprüfen, ob diese Handakten vollständig sind, dh ob alle zur Verhandlung benötigten Handakten vorhanden sind. Ist dies nicht der Fall, müssen die fehlenden Handakten auf den jeweiligen Geschäftsstellen/Serviceeinheiten beigezogen werden. Da es auch immer wieder vorkommen kann, dass nachträglich Strafsachen vom Gericht terminiert worden sind, diese aber nicht nachgemeldet worden sind, empfiehlt es sich, bei der Geschäftsstelle des Gerichts anzurufen, um nachzufragen, ob weitere, nicht auf der Sitzungsrolle gelistete Verfahren verhandelt werden.

In den Handakten befindet sich eine Durchschrift der Anklageschrift bzw. des Strafbefehls und in der Regel auch ein aktueller Bundeszentralregisterauszug sowie ein Auszug aus dem **Zentralen Staatsanwaltlichen Verfahrensregister (ZStV)**. In Letzterem sind alle gegen einen Beschuldigten bei einer Staatsanwaltschaft in Deutschland eingetragenen Ermittlungsverfahren verzeichnet. 2

Verfahren, die bei der eigenen Staatsanwaltschaft anhängig sind und deshalb leicht überprüft werden können, sollten wenigstens bezüglich des Ausgangs in **MEStA** überprüft werden. Bei **MEStA (Mehrländer-Staatsanwaltschaft – Automation)** handelt es sich um ein Vorgangbearbeitungs- und Verwaltungsprogramm, das speziell auf die Staatsanwaltschaften zugeschnitten ist und in mehreren Bundesländern verwendet wird. In diesem sind unter anderem in einer Datenbank alle Ermittlungsverfahren gegen einen Beschuldigten registriert. Falls weitere Verfahren gegen den Angeklagten bei der eigenen Staatsanwaltschaft anhängig sind, sollte man sich auch anhand vorhandener Sach- oder Handakten einen Eindruck von diesen Verfahren verschaffen. 3

MEStA bietet insbesondere auch die Möglichkeit unmittelbar im Wege der Datenübertragung Auskünfte aus dem Bundeszentralregister, dem ZSTV und dem Fahrerlaubnisregister einzuholen.

§ 1 Die Vorbereitung der Hauptverhandlung

Der Auszug aus dem ZStV liegt in der Regel innerhalb weniger Minuten vor. Die anderen Auskünfte werden innerhalb von wenigen Tagen übertragen und stehen dann in aktueller Form zur Verfügung. Von der Einholung aktueller Auszüge sollte deshalb grundsätzlich Gebrauch gemacht werden. Ein besonderer Vorzug ist, dass auch ausländische Strafregister auf diese Weise durch das schlichte Ankreuzen des jeweiligen Landes angefordert werden können. Auch diese stehen teilweise nach wenigen Tagen zur Verfügung. Bei Angeklagten, die sich früher im Ausland aufgehalten haben, sind solche Auskünfte besonders aufschlussreich.

4 Nachdem die eigenständige Vorbereitung beendet ist, werden die anstehenden Verfahren im Einzelnen noch mit dem Ausbilder besprochen. Hierbei sollten mindestens die zu erwartenden Strafen sowie die Frage etwaiger Einstellungen erörtert werden. In Ausnahmefällen kann es sich auch empfehlen, die Sache mit dem Anklageverfasser zu besprechen, wenn noch offene Fragen zu klären sind. Dies wird aber Ihr Ausbilder entscheiden. Die Rücksprache mit dem Anklageverfasser kann sich insbesondere dann anbieten, wenn es sich um ein Verfahren aus einem Sonderdezernat handelt, zB einen Verstoß gegen das Betäubungsmittelgesetz. In solchen Fällen kann es sich natürlich auch als hilfreich erweisen, sofern nicht ohnehin ein entsprechender Spezialkommentar leihweise zur Verfügung steht, sich entsprechendes Material zu kopieren und mit in die Handakte zu legen.

5 In der Hauptverhandlung treten Sie als Vertreter der Staatsanwaltschaft in Amtstracht, dh in schwarzer Robe auf, wobei Männer eine weiße Krawatte tragen und bei Frauen eine weiße Bluse bzw. ein weißes Halstuch ausreichend ist. Bei den meisten Staatsanwaltschaften werden für Referendare Roben, häufig Spenden von Pensionären, zur Verfügung gestellt, die Sie sich für den Sitzungsdienst ausleihen können.

6 Als letzte Vorbereitung empfehle ich noch das Studium der **Richtlinien für das Straf- und Bußgeldverfahren (RiStBV)**, hier insbesondere der Nr. 123 ff. Die Richtlinien enthalten einige grundsätzliche Leitlinien zum Verhalten in der Hauptverhandlung. Dies beginnt mit der allgemeinen Regelung des Nr. 123 RiStBV, wonach der Staatsanwalt alles vermeiden soll, was den Schein einer unzu-

Die Vorbereitung der Hauptverhandlung § 1

lässigen Einflussnahme auf das Gericht erwecken könnte. Deshalb soll er den Gerichtssaal nicht gemeinsam mit dem Gericht betreten und verlassen, sich nicht in das Beratungszimmer begeben und während der Verhandlungspausen sich nicht mit Mitgliedern des Gerichtes unterhalten. Dies bezieht sich in erster Linie auf Verhandlungspausen innerhalb einer anstehenden Sache. Natürlich ist es nicht verboten und entspricht normaler Höflichkeit, auf Einladung des Gerichtes sich diesem in der Pause zwischen zwei Sachen auf einen Kaffee in der Kantine anzuschließen. Sie sollten aber dann gerade beachten, nicht gemeinsam wieder den Saal zu betreten, vor dem häufig bereits Beteiligte der nächsten Sache warten. Vorsicht ist insbesondere auch bei Gesprächen mit Verteidigern oder Publikum während der Verhandlungspausen geboten. Man sollte sich hier nicht zu Äußerungen in der Sache und unsachgemäßem Verhalten gegenüber Publikum verleiten lassen. Gelegentlich kommt es auch vor, dass Richter in Gegenwart der im Sitzungssaal anwesenden Zuschauer in einer Pause die nächste Sache ansprechen und mit dem Sitzungsvertreter erörtern wollen, und zwar so, dass das Publikum mithören kann. Dies sollten Sie unterlassen. Gegebenenfalls sollten Sie sich nicht scheuen, den Richter zu bitten, vor Erörterung der Sachen das Publikum aus dem Saal zu weisen. Besondere Vorsicht ist auch bei Gesprächen mit oder in Anwesenheit von Schöffen geboten. Es kommt immer wieder vor, dass Schöffen mangels forensischer Erfahrung Gespräche zum Anlass zu unbedachten Äußerungen in der Sache oder über ihre allgemeinen Auffassungen zur Strafjustiz oder gesellschaftspolitischen Themen nehmen. Solche unbedachten oft eigentlich belanglosen Äußerungen können dann einen Befangenheitsantrag seitens eines eventuell anwesenden Verteidigers nach sich ziehen. Dies kann einen erheblichen zusätzlichen Zeitaufwand verursachen.

Nr. 124 RiStBV weist darauf hin, dass sich sämtliche Anwesenden bei Eintritt des Gerichtes zu Beginn der Sitzung, bei der Vereidigung von Zeugen oder Sachverständigen und bei der Verkündung der Urteilsformel vom Platz erheben.

▶ **Praxistipp:** Wenn das Gericht steht, stehen alle! Darüber hinaus stehen Sie beim Verlesen der Anklage und beim Plädieren. ◀

Die Richtlinien enthalten neben weiteren Vorschriften zur Hauptverhandlung viele wertvolle Hinweise zur Bearbeitung von Ermittlungs- und Strafverfahren und kann als Lektüre, zB in Sitzungspausen, nur empfohlen werden.

§ 2 Die Hauptverhandlung/Beweisaufnahme

Gelegentlich suchen noch vor Aufruf der Sache das Gericht und der Verteidiger oder auch nur der Verteidiger das Gespräch mit dem Vertreter der Staatsanwaltschaft und möchten vorab Möglichkeiten einer Einstellung oder Vorstellungen der Staatsanwaltschaft über das Strafmaß ausloten. Insoweit ist aber zu beachten, dass mit der gesetzlichen Regelung in § 257c StPO und der hierzu ergangenen grundsätzlichen Entscheidung des Bundesverfassungsgerichtes vom 19.3.2013 (2 BvR 2628/10) klar geregelt ist, dass jegliche Art informeller Absprachen außerhalb der klaren Grenzen des § 257c StPO unzulässig sind.

Grundsätzlich kann eine Verständigung nach § 257c StPO zu jeder Zeit erfolgen. Bei solchen Verfahren, bei denen die Hauptverhandlung nicht von vornherein auf mehrere Tage anberaumt worden ist, ist jedoch davon auszugehen, dass Verständigungsgespräche noch vor Aufruf der Sache oder im unmittelbaren Zusammenhang vor oder nach der Verlesung der Anklageschrift stattfinden. Die Anregung zu einer Verständigung kann von allen Beteiligten ausgehen, vom Gericht, vom Verteidiger und auch von der Staatsanwaltschaft.

Noch keine Verständigung liegt vor bei Erörterungen, die der Organisation der Hauptverhandlung und deren Verfahrensablauf wie zum Beispiel der Abstimmung von Terminen oder zu erwartenden Beweisanträgen dienen. Auch die Frage, ob der Angeklagte ein Geständnis abgeben wird, stellt noch keine Verständigung dar. Gleiches gilt für den Hinweis eines Vorsitzenden im Rahmen eines Rechtsgespräches, dass ein Geständnis Auswirkungen auf das Strafmaß habe und es vom Strafmaß abhängig sei, ob man sich Gedanken über eine Strafaussetzung zur Bewährung machen könne. Eine verständigungsbezogene Erörterung liegt erst dann vor, wenn Fragen des prozessualen Verhaltens in einen Zusammenhang mit dem Verfahrensergebnis gebracht werden. Verständigungsbezogen sind solche Erörterungen, bei dem zwischen dem erstrebten Verfahrensergebnis und dem darauf ausgerichteten prozessualen Verhalten des Angeklagten ein Gegenseitigkeitsverhältnis im Sinne von Leistung und Gegenleistung hergestellt wird. Typisch für eine Verständigung ist die Abgabe eines Geständnisses oder Teilgeständnisses durch den vorher nicht geständigen Angeklagten gegen die Zusage von Vergünstigungen im Verfahren.

Eine Verständigung muss sich strikt an die Vorgaben des § 257c StPO ausrichten.

Erste Voraussetzung ist danach ein **Geständnis**. Hierbei ist allerdings davon auszugehen, dass aufgrund der besonderen Anreiz- und Verlockungssituation, die sich daraus ergibt, dass der Angeklagte durch das verständigungsbasierte Geständnis einen erheblichen Vorteil erlangt, die Gefahr der Abgabe falscher Geständnisse erhöht wird. Um diese der Wahrheitsfindung entgegenstehenden Gefahr zu begegnen, ist in § 257c Abs. 1 Satz 2 StPO ausdrücklich hervorgehoben, dass der Amtsaufklärungsgrundsatz uneingeschränkt gilt. Aus diesem Grunde reicht ein rein formales, inhaltsloses Geständnis oder die schlichte Erklärung, der vorgeworfene Anklageinhalt sei so richtig oder werde zugestanden, nicht aus, die Verurteilung des Angeklagten allein zu rechtfertigen. Vielmehr ist es zwingend erforderlich, die geständige Einlassung des Angeklagten im Rahmen einer Beweisaufnahme auf ihre Richtigkeit zu prüfen. Diese Überprüfung unterliegt keinen strengeren Anforderungen als eine Beweisaufnahme in einer ohne Verständigung geführten Beweisaufnahme. Deshalb bleiben auch Vorhalte und das Selbstleseverfahren nach den allgemeinen Regeln möglich. Es genügt jedoch gerade nicht, das verständigungsbasierte Geständnis durch einen bloßen Abgleich mit der Aktenlage zu überprüfen. Die insoweit rechtlich gebotene Beweisaufnahme muss deshalb von inhaltlichem Gehalt sein, rein formelle Anstrengungen sind nicht ausreichend.

10 Eine Reihe von Punkten dürfen nicht zum Gegenstand einer Verständigung gemacht werden:
1) die Feststellung der dem Urteil zu Grunde zu legenden Tatsachen,
2) der Schuldspruch bzw. die rechtliche Würdigung,
3) die Anordnung von Maßregeln der Besserung und Sicherung,
4) eine Strafrahmenverschiebung. Dazu gehören auch Sonderstrafrahmen für besonders schwere oder minder schwere Fälle

im Vergleich zum Regelstrafrahmen sowie Qualifikationen, Privilegierungen und Regelbeispiele.

Dies bedeutet zur Verdeutlichung, dass bei einem Diebstahl im besonders schweren Fall keine Verständigung auf eine Freiheitsstrafe von 4 Monaten erfolgen kann, denn die Mindeststrafe nach § 244 Abs. 1 StGB beträgt 6 Monate. Ergibt sich hingegen aus dem aufgrund der Verständigung abgegebenen Geständnis das Vorliegen eines minderschweren Falles, so ist zwingend der niedrigere Strafrahmen des § 244 Abs. 3 StGB anzuwenden, der die Mindeststrafe auf 3 Monate reduziert.

Zulässige Gegenstände einer Verständigung dürfen nach dem Gesetz nur bestimmte Inhalte sein:

11

1) **Verfahrensbezogene Maßnahmen** im zugrundeliegenden Erkenntnisverfahren:

Hier kommen zum Beispiel **Teil**einstellungen nach §§ 154, 154a StPO in Betracht. Diese müssen sich jedoch zwingend auf den Gegenstand des zugrundeliegenden Verfahrens beziehen.

Unzulässig sollen danach sog. „Gesamtlösungen" sein, also Verständigungen, die sich auf andere, noch anhängige Verfahren bei der Staatsanwaltschaft oder bei Gericht beziehen. Einbezogen werden können nur solche gerichtlichen Verfahren, die mit dem anhängigen Verfahren verbunden worden sind.

Die früher gelegentlich zu beobachtende Praxis von Zusagen der Staatsanwaltschaft, andere noch offene Ermittlungsverfahren gemäß § 154 StPO einzustellen oder die Abgabe von Erklärungen bezüglich der Einlegung oder Rücknahme von Rechtsmitteln in anderen Verfahren durch die Staatsanwaltschaft und/oder den Angeklagten sind im Rahmen einer gesetzlichen Verständigung deshalb nicht möglich.

Etwas anderes gilt für die Totaleinstellung des Verfahrens, in dem verhandelt wird und eine Einigung einer Einstellung insgesamt im Falle einer Abgabe eines Geständnisses besprochen wird. Diese Totaleinstellung unterliegt nicht den Regelungen des § 257c StPO.

2) **Prozessverhalten** der Beteiligten, wie zum Beispiel der Verzicht auf die Stellung von Beweisanträgen.

3) Die **Rechtsfolgen**, die Inhalt des Urteils und der dazugehörenden Beschlüsse sein können.

Hier handelt es sich naturgemäß um den Hauptgegenstand der Verständigung. Darunter fallen die Zusage von Strafunter- und -obergrenze, die Vereinbarung der Frage, ob eine Strafaussetzung zur Bewährung erfolgt oder nicht und auch die zu erwartenden Bewährungsauflagen. Zu den einer Regelung durch Verständigung zugänglichen Beschlüssen gehören insbesondere auch Entscheidungen über das weitere Schicksal eines bestehenden Untersuchungshaftbefehles, über den gemäß § 268b StPO zugleich mit der Urteilsfällung zu entscheiden ist. Die Erörterung, ob im Falle der Abgabe eines Geständnisses der Haftbefehl aufgehoben oder dessen Vollstreckung ausgesetzt werden kann, stellt deshalb auch eine Verständigung im Sinne der Vorschrift vor.

Wie bereits erwähnt, sind Maßregeln der Sicherung und Besserung der Verständigung nicht zugänglich. Hierunter fallen insbesondere auch der Entzug der Fahrerlaubnis und die Dauer der Sperrfrist nach §§ 69, 69a StGB, die einer verständigungsbasierten Einigung entzogen sind.

Bei den zu verhängenden Rechtsfolgen sind allgemein noch einige weitere Punkte zu berücksichtigen:

Die allgemeinen Grundsätze der Strafzumessung werden durch die Verständigung nicht außer Kraft gesetzt, sondern sie sind zwingend zu beachten.

Der an einer Verständigung beteiligte Angeklagte darf nicht besser gestellt werden als der von Beginn an geständige Angeklagte.

Auch die Interessen von Verletzten sind angemessen zu berücksichtigen.

Insbesondere darf keine übermäßige Differenz zwischen der zugesagten Strafobergrenze für den Fall einer Verständigung und für den Fall einer Verurteilung nach streitiger Hauptverhandlung bestehen und der Angeklagte hierdurch unter Druck gesetzt werden. Dies wird als „unverhältnismäßige Sanktionsschere" bezeichnet. Allerdings besteht nach der Rechtsprechung auch kein Anspruch des Angeklagten darauf, dass ihm die sog. **Sanktionsschere**, also

Die Hauptverhandlung/Beweisaufnahme § 2

die zu erwartenden Strafobergrenzen für den Fall der geständigen und der streitigen Einlassung mitgeteilt wird.

Soll danach eine nach dem Gesetz auf einen zulässigen Inhalt gerichtete Verständigung erzielt werden, ist es erforderlich, dass eine Reihe von zwingenden Mitteilungs-, Dokumentations- und Belehrungspflichten in der Hauptverhandlung Beachtung finden. Hierbei handelt es sich nach der grundlegenden Entscheidung des Bundesverfassungsgerichts vom 19.3.2013 (NJW 2013, 1058) nicht um bloße Ordnungsvorschriften. Vielmehr eröffnet erst die Beachtung dieser Pflichten die Möglichkeit der erforderlichen Kontrolle durch die Öffentlichkeit und das Rechtsmittelgericht.

12

Nach § 243 Abs. 4 StPO hat der Vorsitzende die Pflicht – noch vor der Belehrung des Angeklagten über sein Aussageverweigerungsrecht die wesentlichen Inhalte aller verständigungsbezogenen Inhalte in der Hauptverhandlung mitzuteilen, also auch solcher Erörterungen, die erfolglos geblieben sind. Diese Mitteilung ist als wesentliche Förmlichkeit gemäß § 273 Abs. 1a S. 2 StPO zu protokollieren.

Zu protokollieren sind danach eine Reihe von Einzelpunkten:
a) Wer war der Initiator der Gespräche?
b) Von welchem Sachverhalt gingen die Beteiligten aus?
c) Welche Inhalte hatten die einzelnen Inhalte der Äußerungen der jeweiligen Beteiligten?
d) Von welchen Ergebnisvorstellungen gingen die einzelnen Beteiligten aus?
e) Welches Ergebnis wurde erzielt?

Weiter sind zu protokollieren
a) die Einhaltung der Mitteilungspflichten über die Vorgespräche,
b) die Einhaltung der Mitteilungspflicht über ein Abweichen von der Verständigung,
c) die Durchführung einer qualifizierten Belehrung nach § 257c Abs. 5 StPO.

Insbesondere ist aber auch zu protokollieren, dass keine Verständigungsgespräche stattgefunden haben, sog. **Negativattest**. Die insoweit nach dem Gesetz zunächst bestehenden unterschiedlichen Auffassungen haben mit der Entscheidung des Bundesver-

§ 2 Die Hauptverhandlung/Beweisaufnahme

fassungsgerichtes vom 26.8.2014 ein Ende gefunden. Inzwischen enthalten auch die amtlichen Formulare für das Protokoll einer öffentlichen Sitzung entsprechende Ankreuzfelder. Die Protokollierung erfolgt danach nach Verlesung der Anklageschrift.

13 Der Angeklagte ist vom Gericht über die Voraussetzungen und die Folgen des Wegfalls der Bindung des Gerichts an eine Verständigung qualifiziert zu belehren. Hierdurch soll sichergestellt werden, dass der Angeklagte eigenständig entscheiden kann, ob er von seinem Aussagerecht Gebrauch macht oder ob er eine Verständigung akzeptiert.

Der Angeklagte ist außerdem zu belehren, dass er in jedem Fall in seiner Entscheidung frei ist ein Rechtsmittel einzulegen.

14 Im Anschluss an die Bekanntgabe des Verständigungsvorschlages und die Erteilung der Belehrungen erhalten die Beteiligten Gelegenheit zur Stellungnahme.

Die Verständigung kommt zustande, wenn Angeklagter und Staatsanwaltschaft dem Vorschlag des Gerichts zustimmen.

Das Zustandekommen einer Verständigung hat zur Folge, dass das Gericht an die Verständigung grundsätzlich gebunden ist.

Eine Bindung des Gerichts an die Verständigung entfällt nur, wenn
- rechtlich oder tatsächlich bedeutsame Umstände übersehen worden sind, bzw. sich neu ergeben haben und das Gericht deshalb zu der Überzeugung gelangt, dass der in Aussicht gestellte Strafrahmen nicht mehr tat- oder schuldangemessen ist (§ 257c Abs. 4 S. 1 StPO)

oder
- das Prozessverhalten des Angeklagten nicht dem Verhalten entspricht, dass der Prognose des Gerichts zu Grunde gelegt worden ist (§ 257c Abs. 4 S. 2 StPO).

Ein **Rechtsmittelverzicht** ist **ausgeschlossen** – § 302 Abs. 1 S. 2 StPO.

Das Bundesverfassungsgericht hat die Bedeutung der revisionsgerichtlichen Kontrolle der Gesetzmäßigkeit betont und erhebliche Konsequenzen für die Nichtbeachtung der inhaltlichen und formalen Voraussetzungen der Verständigung festgesetzt. Hieraus können sich insbesondere auch strafrechtliche Konsequenzen für die Beteiligten ergeben in Form einer Strafbarkeit wegen Falschbeurkundung im Amt, Rechtsbeugung oder Strafvereitelung im Amt. In seiner Entscheidung hat das Bundesverfassungsgericht mehrfach die besondere Verantwortung der Staatsanwaltschaft für das Verständigungsverfahren betont. Deshalb sind Sie als Sitzungsvertreter unbedingt gehalten, einer gesetzwidrigen Verständigung keine Zustimmung zu erteilen.

Außerdem sind gegen Urteile, die möglicherweise zunächst nicht erkannt auf einer gesetzwidrigen Verständigung beruhen, zwingend Rechtsmittel einzulegen und das Urteil einer revisionsgerichtlichen Kontrolle zuzuführen.

I. Anwesenheit des Angeklagten

Nach **Aufruf der Sache gemäß § 243 StPO** stellt das Gericht zunächst fest, ob die geladenen Personen sämtlich anwesend sind. Bereits anwesende Zeugen werden an dieser Stelle in der Regel gemeinsam über Ihre Pflicht, wahrheitsgemäß auszusagen, belehrt. Anschließend müssen die Zeugen den Sitzungssaal verlassen.

Diese Pflicht gilt auch für einen Rechtsanwalt als Beistand eines Zeugen sowie für Erziehungsberechtigte und gesetzliche Vertreter, die einen kindlichen Zeugen begleiten.

Trotz der beabsichtigten Zeugenvernehmung darf allerdings der Nebenkläger, dh derjenige, dessen Nebenklage als Verletzter nach § 395 StPO zugelassen worden ist, und dessen Beistand entgegen §§ 58 Abs. 1, 243 Abs. 2 StPO nach § 397 Abs. 1 StPO im Saal bleiben. Nach § 406g Abs. 1 S. 2 StPO darf auch derjenige, der als Verletzter nach § 395 StPO zur Nebenklage befugt ist, diese aber nicht erhoben hat, im Saal bleiben. In der Regel wird die Belehrung über das Anwesenheitsrecht vom Gericht mit dem Hinweis verbunden, dass die Aussage des Nebenklägers, der nicht vorher die Einlassung des Angeklagten gehört hat und deshalb unbefangen aussagt, für das Gericht vorzuziehen ist. Da in der Praxis der Nebenkläger fast ausnahmslos von einem Rechtsanwalt als Beistand begleitet wird, ist die Entscheidung der Anwesenheit in der Regel bereits Gegenstand der anwaltlichen Beratung gewesen. Die meisten Nebenkläger verlassen den Saal bis zu ihrer Zeugenvernehmung.

16 1) Gemäß § 230 StPO gilt der Grundsatz, dass gegen einen ausgebliebenen Angeklagten eine Hauptverhandlung nicht stattfindet. Ist der Angeklagte nicht erschienen, ist danach über die weitere Verfahrensweise zu befinden.

Ist nur einer von mehreren Angeklagten nicht erschienen, ist zu entscheiden, ob die Hauptverhandlung gegen den Anwesenden auch ohne den ferngebliebenen Angeklagten möglich und durchführbar ist. Erscheint dies zweckmäßig, wird das Verfahren gegen den ausgebliebenen Angeklagten abgetrennt. Zweckmäßig kann dies zum Beispiel sein, wenn die anwesenden Angeklagten geständig sind und keine Zeugen geladen sind. Sind andererseits mehrere Zeugen erforderlich, die im Falle einer **Abtrennung** mehrfach gehört werden müssen, bietet sich eine Abtrennung nicht an. Die Entscheidung über eine Abtrennung trifft das Gericht. In der Regel wird Ihnen der Richter vor der Entscheidung seine Überlegungen mitteilen. Hierzu können Sie dann ggfs. Ihre Auffassung mitteilen.

17 Voraussetzung für weitere Maßnahmen ist das Vorliegen einer **ordnungsgemäßen Ladung** (§ 216 StPO). Diese Ladung enthält neben der Aufforderung, zu dem Termin zu erscheinen, auch die Warnung, dass im Falle eines unentschuldigten Fernbleibens die Folgen des § 230 Abs. 2 StPO eintreten werden. Ordnungsgemäß ist die Ladung nur, wenn die Ladungsfrist von einer Woche zwischen der Zustellung und dem Hauptverhandlungstermin eingehalten ist (§ 217 StPO). Und es muss festgestellt werden, dass die Ladung den Angeklagten erreicht hat. Hinsichtlich der Feststellung der ordnungsgemäßen Ladung wird sich in der Regel das Gericht darauf beschränken mitzuteilen, dass eine ordnungsgemäße Ladung vorliegt oder warum dies nicht der Fall ist.

Lässt sich eine ordnungsgemäße Ladung des Angeklagten nicht feststellen, so wird die Hauptverhandlung auf einen neuen Termin vertagt. Ebenso wird in der Regel auch verfahren, wenn der

I. Anwesenheit des Angeklagten § 2

Angeklagte entschuldigt fernbleibt, obwohl bei entschuldigtem Fernbleiben auch der Erlass eines Strafbefehls möglich ist.

Ausgeblieben ist der Angeklagte, der bei Aufruf der Sache nicht im Gerichtssaal ist oder alsbald eintrifft. In der Praxis hat sich eine Wartezeit von 15 Minuten eingebürgert. Ausgeblieben ist auch ein Angeklagter, der im selbstverschuldeten Zustand der **Verhandlungsunfähigkeit** erscheint, was im Hinblick auf Alkoholisierung oder Drogenintoxikation in der Praxis auch manchmal vorkommt. Hinweise auf eine Alkoholisierung sind natürlich Torkeln, eine lallende oder verwaschene Sprache und ähnliches. Hinweise auf Drogenkonsum sind gerötete Augen, träge auf Licht reagierende Pupillen, Gleichgewichtsstörungen oder langsame Reaktionen. Bei Zweifeln an der Verhandlungsfähigkeit gilt der Grundsatz „in dubio pro reo" nicht (BGH NStZ 84,520). Bei Anhaltspunkten für eine alkoholbedingte oder sonstige Verhandlungsunfähigkeit des Angeklagten ist die besondere Aufmerksamkeit des Sitzungsvertreters gefordert. Der Richter sollte deshalb auf solche Anhaltspunkte hingewiesen werden, zB wenn man den Angeklagten vor der Sitzung in entsprechendem Zustand gesehen hat oder wenn man den Eindruck hat, dem Richter seien Anzeichen nicht aufgefallen. Dieser Hinweis kann, falls möglich, außerhalb der Hauptverhandlung erfolgen. Erforderlichenfalls können Sie auch in Anwesenheit des Angeklagten dem Gericht vor der Vernehmung des Angeklagten Ihre Beobachtungen mitteilen. Denn wenn der Angeklagte verhandlungsunfähig ist und ein wesentlicher Verhandlungsteil gleichwohl stattfindet, liegt ein absoluter Revisionsgrund nach § 338 Nr. 5 StPO vor.

▶ **Praxistipp:** In vielen Gerichten werden in der Wachtmeisterei Atemalkoholtestgeräte vorgehalten. Ansonsten verfügt die Polizei über eine Vielzahl entsprechender Geräte, die auf jeder Streifenfahrt mitgeführt werden. Sie können daher auch einen Atemalkoholtest anregen, der recht zeitnah durch die Gerichtswachtmeister oder die hinzugezogene Polizei durchgeführt werden kann. ◀

Ein **Ausbleiben ist entschuldigt**, wenn bei Abwägung aller Umstände billigerweise ein Vorwurf nicht erhoben werden kann. Da der Angeklagte die Entschuldigung mitteilen muss, muss er natürlich die Umstände, die zu seinem Ausbleiben geführt haben, vorher rechtzeitig vortragen.

Entschuldigt ist ein Ausbleiben zum Beispiel
- im Falle einer Kraftfahrzeugpanne,
- einer überraschenden Verkehrsstörung, wenn genug Zeit für die Anfahrt eingeplant war,
- bei falschen Auskünften des Verteidigers zur Nichterforderlichkeit der Anwesenheit.

Nicht entschuldigt ist der Angeklagte hingegen,
- wenn das Ausbleiben darauf beruht, dass er die Zeit für die Anfahrt zu knapp gewählt hat,
- wenn er in der Nähe des Gerichtes Schwierigkeiten hatte, einen Parkplatz zu finden,
- wenn der Angeklagte im Falle eines verzögerten Beginns der Hauptverhandlung wegen der Verlängerung der vorherigen Sache nicht vor Gericht wartet, sondern das Gerichtsgebäude wieder unbekannten Ortes verlässt
- wenn der Angeklagte aus Angst in Haft genommen zu werden fernbleibt.

Ist ein Ausbleiben des Angeklagten trotz ordnungsgemäßer Ladung und ohne Entschuldigung festgestellt, kommen verschiedene Möglichkeiten in Betracht.

2) Handelt es sich um ein Strafbefehlsverfahren, so wird der Einspruch gegen den **Strafbefehl verworfen** (§§ 412 S. 1, 329 StPO).

▶ **Der Antrag lautet:** Es wird beantragt, den Einspruch des Angeklagten wegen Nichterscheinens zu verwerfen und ihm die Kosten aufzuerlegen. ◀

Praktische Ausnahme: wird der Angeklagte durch einen mit schriftlicher Vollmacht versehenen Verteidiger vertreten, so kommt ein Verwerfungsurteil nicht in Betracht, §§ 411, 412 StPO. Es kann ausnahmsweise in Abwesenheit des Angeklagten verhandelt werden, wenn der Verteidiger über eine diesbezügliche Vollmacht verfügt und hierzu bereit ist.

3) Handelt es sich um ein Verfahren, in dem eine Anklageschrift eingereicht worden ist, ist zu prüfen, ob unter den Voraussetzun-

I. Anwesenheit des Angeklagten § 2

gen der §§ 407, 408a StPO in der Hauptverhandlung ein **Strafbefehl beantragt** werden kann und soll. Hiervon sollte aus verfahrensökonomischen Gründen so weit als möglich in Gebrauch gemacht werden. Zwar muss der Sitzungsvertreter sich auch die Frage stellen, ob nicht schon der Umstand, dass der ordentliche Dezernent keinen Strafbefehl beantragt hat, gegen das Vorliegen der Voraussetzungen eines Strafbefehls spricht. Häufig wird der Richter aber eine entsprechende Verfahrensweise anregen. Einer solchen Anregung sollte möglichst gefolgt werden. Der Strafbefehl kann schriftlich oder mündlich gestellt werden. Bei einer mündlichen Antragstellung ist der wesentliche Inhalt in das Sitzungsprotokoll aufzunehmen. Der schriftlichen Antragstellung wird der Vorzug zu geben sein. Dies geschieht in der Regel unter Benutzung eines hierfür zur Verfügung stehenden Formulars. Natürlich kann der Strafbefehl auch komplett handschriftlich niedergelegt werden. Als Rechtsfolge kommt gemäß § 407 StPO in erster Linie eine Geldstrafe nebst Nebenfolgen in Betracht. Auch die Beantragung einer Freiheitsstrafe von bis zu einem Jahr ist möglich. Dann ist aber für den wahrscheinlichen Fall, dass der Angeklagte keinen Verteidiger hat, ein **Pflichtverteidiger** beizuordnen (§ 407 Abs. 2, 408b StPO). Etwaige Kosten der Beiordnung eines Pflichtverteidigers sollten von diesem Antrag normalerweise nicht abhalten, da gleichzeitig erhebliche Verfahrensaufwendungen entfallen.

▶ **DER ANTRAG LAUTET ZUM BEISPIEL WIE FOLGT:** 22
a) (Antrag auf Geldstrafe):
Es wird beantragt, die heutige Hauptverhandlung gegen den Angeklagten auszusetzen und gegen ihn wegen der in der Anklageschrift vom [...] näher bezeichneten Tat durch Strafbefehl gemäß § 408a StPO eine
☐ Gesamt –
☐ Geldstrafe von [...] Tagessätzen zu je [...] Euro festzusetzen
☐ mit Bewilligung von Raten in Höhe von je [...] Euro monatlich.

☐ Hinsichtlich der Gesamtstrafe wird die Festsetzung folgender Einzelstrafen beantragt:

b) eventuelle Nebenanträge:
☐ Es wird ferner beantragt,
die Fahrerlaubnis zu entziehen, den Führerschein einzuziehen und eine Sperrfrist von [...]☐ Monaten für die Erteilung der Fahrerlaubnis anzuordnen,
☐ folgende in der Anklageschrift aufgeführter Gegenstände einzuziehen: [...]

c) Antrag bei einer Freiheitsstrafe:
Es wird beantragt, die heutige Hauptverhandlung gegen den Angeklagten auszusetzen, ihm gemäß § 408b Abs.1 StPO einen Pflichtverteidiger zu bestellen und gegen ihn wegen der in der Anklageschrift vom [...] näher bezeichneten Tat durch Strafbefehl gemäß § 408a StPO
eine ☐ Gesamt- ☐ Freiheitsstrafe von [...] festzusetzen, deren Vollstreckung zur Bewährung ausgesetzt wird)

☐Hinsichtlich der Gesamtstrafe wird die Festsetzung folgender Einzelstrafen beantragt:

☐Im Falle der Strafaussetzung zur Bewährung wird angeregt,
die Bewährungszeit auf [...] Jahre festzusetzen,
dem Angeklagten einen Bewährungshelfer beizuordnen,
und folgende Auflage zu erteilen:
☐ Zahlung einer Geldbuße in Höhe von [...] Euro an die Staatskasse
☐ in monatlichen Raten zu je [...] Euro,
☐ einer Geldauflage in Höhe von [...] in monatlichen Raten von je [...] Euro an eine gemeinnützige Organisation.

[eventuelle Nebenanträge wie bei der Geldstrafe] ◀

23 4) Dritte bzw. vierte Möglichkeit bei unentschuldigtem Ausbleiben des Angeklagten sind der Erlass eines **Vorführungsbefehls** bzw. eines **Haftbefehls gemäß § 230 Abs. 2 StPO**.

Ergeht kein Strafbefehl, muss die mündliche Hauptverhandlung noch durchgeführt werden. Dann steht aber die Anordnung von Zwangsmaßnahmen nach § 230 Abs. 2 StPO nicht im Belieben des Gerichts. Sie **muss** erfolgen, wenn anders eine Durchführung des Verfahrens nicht sicherzustellen ist. Hiervon ist bei einem un-

I. Anwesenheit des Angeklagten § 2

entschuldigten Nichterscheinen des Angeklagten trotz ordnungsgemäßer Ladung auszugehen. Zu beachten ist allerdings der Verhältnismäßigkeitsgrundsatz.

a) Danach wird die Vorführung als mildere Maßnahme vor dem Haftbefehl angesehen. Die **Vorführung** muss theoretisch nicht zu einem neuen Termin erfolgen, sondern kann auch angeordnet werden, um das Erscheinen in derselben Sitzung sicherzustellen. Aufgrund des meist vollen Terminkalenders des Gerichts und des Umstandes, dass ein Angeklagter, der nicht erscheinen will, vermutlich nicht zuhause auf die Polizei wartet, wird allerdings regelmäßig die Vorführung mit einer Vertagung verbunden. Der Vorführungsbefehl macht eine neue Ladung überflüssig und wird dem Angeklagten erst beim Vollzug bekannt gegeben. Dies geschieht normalerweise, indem der Angeklagte in den frühen Morgenstunden von der Polizei abgeholt und zum Termin gebracht wird. Damit offenbart sich aber auch eine grundsätzliche Schwäche des Vorführbefehls. Der Angeklagte, der das Gericht und die Zeugen hat warten lassen, erhält gleichsam zum nächsten Termin einen „Weck- und Bringservice". 24

▶ **DER ANTRAG LAUTET IM FALLE DER VORFÜHRUNG:** Ich beantrage, die Hauptverhandlung zu vertagen, einen neuen Termin von Amts wegen zu bestimmen und den Angeklagten zu diesem Termin vorführen zu lassen. ◀ 25

Mit Verbringung in den Gerichtssaal wird der Vorführbefehl gegenstandslos. In dem Fall also, dass der Angeklagte bereits aufgrund eines Vorführbefehls vorgeführt wird, bedarf es keines Antrages auf Aufhebung dieses Vorführbefehls.

b) Zum einen kann sich angesichts des Lebenswandels des Angeklagten oder seiner Gerichtserfahrenheit die Annahme ergeben, dass er morgens nicht zu Hause anzutreffen sein wird. Zum anderen kann bereits einmal ein Vorführbefehl ergangen sein, ohne dass der Angeklagte vorgeführt werden konnte. In diesen Fällen ist der Erlass eines Vorführungsbefehls nicht ausreichend, um die Durchführung der Hauptverhandlung sicherzustellen. Deshalb wird gegen den Angeklagten **Haftbefehl gemäß § 230 Abs. 2 StPO** erlassen. Dieser Haftbefehl dient **allein** der Sicherung der 26

§ 2   Die Hauptverhandlung/Beweisaufnahme

Weiterführung und Beendigung des Verfahrens. Er setzt deshalb keinen **dringenden** Tatverdacht und keinen Haftgrund des § 112 StPO voraus.

▶ **DER ANTRAG LAUTET IN DIESEM FALL:** Ich beantrage, die Hauptverhandlung zu vertagen, einen neuen Termin von Amts wegen zu bestimmen und gegen den Angeklagten Haftbefehl gemäß § 230 Abs. 2 StPO zu erlassen. ◀

Der Haftbefehl gemäß § 230 StPO wirkt nicht über die Hauptverhandlung hinaus und wird mit dem Abschluss der Hauptverhandlung gegenstandslos. Eine Aufhebung des Haftbefehls in dem Termin, der mit Urteilsverkündung endet, ist deshalb nicht erforderlich. Deshalb müssen Sie in solchen Fällen in Ihrem Plädoyer auch nicht den Antrag stellen, den Haftbefehl aufzuheben.

c) Schließlich ist es allerdings durchaus auch möglich, gegen den nicht erschienenen Angeklagten einen **Haftbefehl gemäß § 112 StPO** zu erlassen, wenn die Voraussetzungen vorliegen. Dies ist allerdings solchen Fällen vorbehalten, in denen der Angeklagte nicht nur auf die Ladung schlicht ferngeblieben ist, sondern darüber hinaus weitere, neue Erkenntnisse vorliegen, die die Annahme einer **Flucht- oder einer Fluchtgefahr** rechtfertigen. Der Haftgrund der Flucht liegt zum Beispiel vor, wenn der Angeklagte seine Wohnung aufgegeben hat und für das Gericht unerreichbar ist. Der Haftgrund der Fluchtgefahr setzt voraus, dass nach der Abwägung der Umstände es wahrscheinlicher erscheint, dass der Angeklagte sich dem Strafverfahren entziehen wird, als dass er sich dem Verfahren stellen wird. Dies kann zum Beispiel vorliegen, wenn bekannt wird, dass der Angeklagte sich ins Ausland absetzen will oder untertauchen will.

▶ **DER ANTRAG LAUTET DANN:** Ich beantrage, die Hauptverhandlung zu vertagen, einen neuen Termin von Amts wegen zu bestimmen und gegen den Angeklagten Haftbefehl gemäß § 112 StPO zu erlassen. ◀

Befindet sich der Angeklagte bereits in Haft, sei es in Untersuchungshaft in diesem Verfahren, sei es in Strafhaft in einem anderen Verfahren, wird der Angeklagte **vorgeführt**. Das bedeutet in der Praxis, dass der Angeklagte, am Morgen des Gerichtstermins

I. Anwesenheit des Angeklagten § 2

von der Justizvollzugsanstalt zum Gericht gefahren wird, sich bis zum Beginn seiner Verhandlung in einer Vorführzelle im Gericht aufhält und von Gerichtswachtmeistern in den Verhandlungssaal geführt wird. Die Wachtmeister, die in diesem Fall während der gesamten Verhandlung im Saal bleiben, übergeben dem Vorsitzenden des Gerichts und dem Sitzungsvertreter der Staatsanwaltschaft Vollstreckungsunterlagen sowie dem Sitzungsvertreter ein **Formular, das zur Unterrichtung der Justizvollzugsanstalt** dient und von dem Sitzungsvertreter auszufüllen ist. Da dieses Formular von den Wachtmeistern bei dem Abtransport des Angeklagten wieder mitgenommen wird, muss der Sitzungsvertreter es noch während der Sitzung ausfüllen, im Regelfall unmittelbar nach Urteilsverkündung. In dieses Formular einzutragen ist der Ausgang des Verfahrens. Zum einen ist einzutragen, wegen welcher Vorschriften der Angeklagte zu welcher Strafe verurteilt worden ist. Von besonderer Bedeutung ist aber die Mitteilung, ob der Haftbefehl aufgehoben worden ist oder ob die Fortdauer der Untersuchungshaft angeordnet worden ist. Ist der Untersuchungshaftbefehl aufgehoben worden, so befindet sich der Angeklagte ab diesem Zeitpunkt nicht mehr in Untersuchungshaft. Er kann also den Gerichtssaal unmittelbar verlassen. Häufig fahren allerdings Angeklagte in solchen Fällen, sofern die Gelegenheit besteht mit dem Gefangenentransport noch zurück in die Justizvollzugsanstalt, um dort vorhandene persönliche Gegenstände abzuholen. Dieses Formular ist aber auch auszufüllen, wenn ein Zeuge sich in Haft befindet und vorgeführt wird. Dann reicht natürlich das Ankreuzen der Rubrik: „Vorführung erfolgte als Zeuge" aus.

Ganz besonderes Augenmerk ist auf die Fälle zu richten, in denen gegen den Angeklagten zwar ein Untersuchungshaftbefehl in der verhandelten Sache besteht, der Angeklagte aber zurzeit in Unterbrechung der Untersuchungshaft eine andere Strafe verbüßt, oder in dem weitere Haftbefehle bestehen, für die **Überhaft** notiert ist. 31

In diesen Fällen ist der Angeklagte auch im Falle der Aufhebung des Untersuchungshaftbefehles in der verhandelten Sache nicht zu entlassen, sondern er wird zurück in die Justizvollzugsanstalt gefahren.

§ 2 Die Hauptverhandlung/Beweisaufnahme

32 5) Ist der Angeklagte erschienen, werden zuerst die **Personalien des Angeklagten** durch den Vorsitzenden festgestellt. Obwohl sich diese Vernehmung eigentlich nur auf die tatsächlichen Personalien bezieht (Vorname, Familien- und Geburtsname, Geburtsort, Geburtstag, Familienstand, Beruf, Wohnsitz und Staatsangehörigkeit) hat es sich teilweise eingebürgert, dass an dieser Stelle auch schon die finanziellen Verhältnisse erfragt und erörtert werden, die erst für die Festsetzung der Strafe, insbesondere der Geldstrafe von Belang sind. Grundsätzlich ist zu beachten, dass eine Verpflichtung des Angeklagten zur Aussage nur bezüglich der tatsächlichen Personalien (zu vergleichen § 111 OWiG) besteht.

33 6) Für den Fall, dass der Richter aber auch schon die **Einkommensverhältnisse** des Angeklagten erörtert, empfiehlt es sich, die Angaben des Angeklagten zu notieren und bei Unklarheiten nachzufragen.

Um beurteilen zu können, welche Fragen hier sinnvoll gestellt werden müssen, ist es erforderlich sich schon hier mit der Festsetzung der **Höhe eines Tagessatzes** einer Geldstrafe zu befassen.

An dieser Stelle sollen aber zunächst isoliert nur die Gesichtspunkte berücksichtigt werden, die für die Bemessung der Höhe eines Tagessatzes von Bedeutung sind. Tatsächlich handelt es sich hierbei jedoch um den zweiten Schritt im Rahmen der Strafzumessung, der eigentlich nicht isoliert von dem ersten Schritt, nämlich der Festsetzung der Anzahl der Tagessätze beurteilt werden kann. Die insoweit maßgeblichen Umstände werden aber entsprechend der Chronologie der Hauptverhandlung an späterer Stelle bei der Strafzumessung erörtert.

34 a) Zur Ermittlung der Höhe eines Tagessatzes ist gemäß § 40 Abs. 2 StGB von dem **Nettoeinkommen** auszugehen, dass der Angeklagte durchschnittlich an einem Tag hat oder haben kann. Zu diesem Zweck ist das Monatseinkommen durch 30 zu teilen. Die Anzahl der Arbeitstage ist insoweit unerheblich, denn den Lebensunterhalt muss der Angeklagte auch an arbeitsfreien Tagen bestreiten, so dass beim Monatseinkommen 30 Tage zugrunde zu legen sind. Es ist nicht etwa zulässig, das Monatseinkommen bei

I. Anwesenheit des Angeklagten §2

20 Arbeitstagen durch 20 zu teilen, um die Tagessatzhöhe zu errechnen.

Zur Ermittlung des Einkommens ist für einen zurückliegenden Zeitraum ein durchschnittliches Einkommen zu errechnen, sofern keine wesentlichen Änderungen zu erwarten sind. Vorübergehende Einkommensengpässe werden nicht berücksichtigt, mit Sicherheit zu erwartende Änderungen sollen jedoch berücksichtigt werden.

Abzustellen ist auf das Einkommen, dass der Angeklagte zum Zeitpunkt der Entscheidung bezieht. Das gilt auch bei einer nachträglichen Gesamtstrafenbildung. Da es allein auf den Zeitpunkt der Entscheidung ankommt, ist es auch nicht zulässig in einem Urteil zwei unterschiedliche Tagessatzhöhen für Taten mit unterschiedlichen Tatzeitpunkten festzusetzen.

b) Der Begriff des Einkommens ist sehr weit zu ziehen. Er umfasst alle Geldbeträge, die dem Angeklagten zufließen, egal aus welcher Quelle. Dazu gehören natürlich zunächst alle Einkünfte aus selbstständiger und nichtselbstständiger Arbeit. Hierzu gehören aber auch Naturalbezüge wie freie Kost, freie Wohnung oder Nutzung eines Firmenwagens. Auch der Mietwert eines selbst genutzten Eigenheims ist zum Nettoeinkommen hinzuzurechnen. Abzuziehen sind die Steuern, Sozialabgaben und vergleichbare Ausgaben für private Kranken- und Altersversicherung. Regelmäßige monatliche Belastungen wie Mietzahlungen oder Ratenzahlungen auf Schulden dürfen nicht abgesetzt werden. Belastungen aufgrund von Konsumentenkrediten sind nicht abzurechnen. Abgesetzt werden dürfen monatliche Belastungen nur in Ausnahmefällen. Abzugsfähig sind etwa krankheitsbedingte Kosten oder Kosten für eine berufliche Grundausbildung. 35

c) Neben den wirtschaftlichen Verhältnissen sind auch die persönlichen Verhältnisse zu berücksichtigen, also der Familienstand und die Anzahl der unterhaltsberechtigten Kinder. Abzuziehen sind in erster Linie die tatsächlich erbrachten **Unterhaltsleistungen**, nicht die vom Gesetz oder vom Gericht für angemessen erachteten. Als Faustformel kann als Unterhalt für die nicht verdienende Ehefrau ein Anteil von 25 % und für jedes unterhaltsbe- 36 rechtigte Kind ein Anteil von 15 % abgezogen werden, in der Summe aber nicht über 50 %. Dieser Anteil ist bei Einzelkindern eher höher zu schätzen, bei zahlreichen Kindern eher nach unten zu korrigieren.

Ebenso ist Einkommen des Ehe- oder Lebenspartners positiv zu berücksichtigen, sofern es dem Angeklagten als finanzieller Vorteil zugutekommt, es sich also im Ergebnis wie dauerhaftes eigenes Einkommen darstellt.

37 d) Bei solchen Tätergruppen, bei denen sich das Nettoeinkommen nicht aus dem Gehalt oder Lohn ergibt, ist maßgebend, was der Angeklagte im Rahmen seines Lebenszuschnittes an Einkünften hat oder haben könnte. Dies sind zum Beispiel bei nicht berufstätigen Hausfrauen die Teilhabe am Familieneinkommen (tatsächlich gewährter Naturalunterhalt einschließlich des Taschengeldes) oder bei Studenten die regelmäßigen Bezüge. Bei Empfängern staatlicher Transferleistungen ist auf die dem Empfänger persönlich zukommenden Leistungen abzustellen. Grundsätzlich gilt auch hier das Nettoprinzip, dh, auch hier sind die Einkünfte festzustellen. Bei **Empfängern von Sozialleistungen** sind neben dem Regelbedarf zur Sicherung des Lebensunterhaltes auch die Sachbezüge für Unterkunft und Heizung zu berücksichtigen. Zwar ist bei solchen Angeklagten, die nahe am Existenzminimum leben, zu berücksichtigen, dass sie durch die Auswirkungen einer am Nettoprinzip ausgerichteten Geldstrafe härter betroffen sein können als Normalverdiener. Dieser Umstand darf bei Senkung der Tagessatzhöhe berücksichtigt werden, erspart jedoch nicht die zunächst erforderliche individuelle Erörterung der Gesamtbelastung eines Angeklagten. Aktuell werden in der Regel Tagessätze um 15 EUR verhängt.

38 e) Grundsätzlich sollten die Bemessungsgrundlagen im Rahmen der Ermittlungen von der Polizei festgestellt worden sein. Erfahrungsgemäß unterbleiben aber tatsächlich häufig Ermittlungen oder sogar Fragen zum Einkommen, so dass man sich weitgehend auf die Angaben des Angeklagten verlässt. Erscheinen dessen Angaben wenig plausibel, sollten sie durchaus kritisch hinterfragt werden. Insbesondere kann der Angeklagte auf die **Schätzungsmöglichkeit** nach § 40 Abs. 3 StGB hingewiesen werden. Danach

II. Verlesung des Anklagesatzes

können nämlich, wenn der Angeklagte keine, unzureichende oder unzutreffende Angaben über seine finanziellen Verhältnisse macht, diese auch geschätzt werden.

II. Verlesung des Anklagesatzes

Im Anschluss an die Feststellungen zur Person des Angeklagten erfolgt nach § 243 Abs. 3 S. 1 StPO die Verlesung des **Anklagesatzes** aus der Anklageschrift/ dem Strafbefehl, zu der man sich erhebt, falls im Saal keine Mikrofonanlage mit einem auf dem Tisch stehenden Mikrofon installiert ist. Damit Sie den Anklagesatz verlesen können, müssen Sie logischerweise eine Ausfertigung der Anklageschrift besitzen. Leider kommt es manchmal vor, dass Sachen verhandelt werden, von denen Sie keine Handakten haben, sei es, weil die Sache kurzfristig anberaumt worden ist, sei es, weil die Mitteilung der anberaumten Verfahren Sie nicht rechtzeitig erreicht hat. Sofern der Richter Ihnen kein Überstück der Anklageschrift aus der Sachakte überlassen kann, sollten Sie sich nicht scheuen, um Überlassung der Sachakten zu bitten und auf einer Geschäftsstelle eine Kopie für sich zu fertigen. 39

1) Nach der neueren Rechtsprechung des Bundesgerichtshofes führt es nicht mehr **zwingend** zur Aufhebung des Urteils, wenn im allseitigen Einverständnis auf die **Verlesung des Anklagesatzes verzichtet** worden ist. Dies gilt jedoch nur, wenn der Zweck der Verlesung durch das Unterbleiben nicht beeinträchtigt worden ist, zB bei einem ganz einfach gelagerten Fall. Diese Frage kann jedoch immer zur Überprüfung durch das Revisionsgericht gestellt werden. Rein vorsorglich und um keine möglichen Angriffspunkte für eine Revision zu schaffen, sollte auf die Verlesung deshalb unter keinen Umständen verzichtet werden, auch dann nicht, wenn dies seitens Verteidiger und Richter angeregt wird. Das Verlesen des Anklagesatzes ist auf jeden Fall schneller und einfacher zu bewerkstelligen als die Bearbeitung einer Revision, die mit dem Unterbleiben begründet wird. 40

2) Die **Anklageschrift** wird bis einschließlich der Gesetzesvorschriften verlesen. Die über den Namen hinausgehenden Angaben zur Person des Angeklagten und die Nennung des Verteidigers, 41

soweit schon in der Anklageschrift vorhanden, lässt man weg. Es wird statt „Angeschuldigter" entsprechend dem Verfahrensstadium „Angeklagter" verlesen. Ansonsten sollte von Ergänzungen oder Änderungen vollständig abgesehen werden. Sind ausnahmsweise offenkundige Schreibfehler, wie z.B. ein doppelt geschriebenes Wort oder klare Tippfehler, vorhanden, verlesen Sie den „richtigen", also berichtigten Text, beispielsweise das doppelt geschriebene Wort, also nur einmal. Sind aber inhaltliche Fehler vorhanden, so müssen Sie trotzdem den „falschen" Text vorlesen. Es kann sich dann aber anbieten, im Anschluss an das Verlesen hierauf kurz hinzuweisen. Ist beispielsweise ein Paragraf in der Aufzählung nicht enthalten, so wird dieser auch nicht mit vorgelesen. Anschließend können Sie dann aber ausführen „ergänzend waren hier noch die §§ 22 und 23 StGB zu nennen."

42 Gelegentlich sind in der Anklageschrift mehrere Personen angeklagt, von denen aufgrund einer Abtrennung des Verfahrens aktuell nur gegen einen der aufgelisteten Angeklagten zu verhandeln ist. Die Verlesung des Anklagesatzes in diesen Fällen wird manchmal noch dadurch erschwert, dass die Angeschuldigten im Anklagesatz nicht namentlich bezeichnet sind, sondern nur als „Angeschuldigter zu 1)", „Angeschuldigter zu 2)", was zu allgemeiner Verwirrung führen kann. In diesen Fällen lesen Sie die Anklageschrift vor und lesen bei dem nicht anwesenden Angeschuldigten zB vor: „und der gesondert Verfolgte Erwin Müller". Im Folgenden wird der Angeschuldigte einfach immer namentlich bezeichnet, also statt „Angeschuldigter zu 2)" einfach immer „Erwin Müller" vorgelesen.

43 3) Ist die **Anklageschrift lediglich mit Änderungen zugelassen** worden, so ist im Falle des § 207 Abs. 2 Nr. 1, 2 StPO der Anklagesatz aus der nach § 207 Abs. 3 StPO geänderten neuen Anklageschrift vorzulesen. Im Falle einer im Eröffnungsbeschluss rechtlich abweichend gewürdigten Anklageschrift (§ 207 Abs. 2 Nr. 3 StPO) liest man zunächst den Anklagesatz und trägt sodann die abweichende rechtliche Würdigung im Eröffnungsbeschluss vor.

44 4) Auch bei einem **Strafbefehl** wird lediglich entsprechend dem Anklagesatz die Beschuldigung einschließlich der gesetzlichen Vorschriften ohne die beantragten Rechtsfolgen vorgelesen. Oft-

mals wird empfohlen, einen Strafbefehl bei der Verlesung hinsichtlich der persönlichen Anrede umzuformulieren. Er soll danach also nicht in der persönlichen Anrede vorgelesen werden, sondern in Anklageform geändert werden. Dies ist durchaus möglich, sprachlich aber oft nicht immer ganz einfach. Wenn Sie diese Methode des Verlesens anwenden wollen, bietet es sich gerade vor den ersten Sitzungen an, jedenfalls längere und/oder komplizierte Texte in aller Ruhe zu Hause aufzuschreiben und in der Sitzung einfach abzulesen. Ansonsten steht Ihnen ein stilistisch zwar nicht schöner, in der Praxis aber zulässiger „Ausweg" zur Verfügung. Sie können den Strafbefehl auch ohne Änderungen vorlesen. Dieser Verlesung setzt man die Einleitung voraus, „die Staatsanwaltschaft hat folgenden Strafbefehl beantragt:". Diese Verfahrensweise erspart umständliche Umformulierungen, stellt sicher, dass tatsächlich der erhobene Vorwurf vorgelesen wird und verhindert Unrichtigkeiten des Hauptverhandlungsprotokolls.

III. Beiordnung eines Pflichtverteidigers

1) Sollte der Angeklagte von einem (Wahl-)Verteidiger vertreten sein und dieser als **Pflichtverteidiger** beigeordnet werden wollen, wird er spätestens an dieser Stelle einen entsprechenden Antrag an das Gericht stellen. Das Gericht wird Sie vor Entscheidung über diesen Antrag anhören (§ 33 Abs. 1 StPO). Es ist also Ihre Aufgabe, eine Stellungnahme zu dem Antrag abzugeben. Ebenso wie bei den später noch zu erörternden Stellungnahmen zu Beweisanträgen sollten Sie auf die Abgabe von inhaltlichen Erklärungen zur Sache nicht verzichten. Es entspricht der Aufgabe der Staatsanwaltschaft, an Entscheidungen des Gerichtes durch die Abgabe sachlicher Erklärungen mitzuwirken und schadet dem Ansehen des Sitzungsvertreters, wenn er ersichtlich ohne nachzudenken auf die Abgabe einer Stellungnahme, wo sie gefordert ist, verzichtet.

Ausgehend von einer EU-Richtlinie (2016/1919) über Prozesskostenhilfe für Verdächtige und beschuldigte Personen im Strafverfahren ist Ende 2019 mit einem Gesetz das Recht der notwendigen Verteidigung neu geregelt worden. Im Ergebnis hat dieses

Gesetz die materiellen Voraussetzungen für die Notwendigkeit der Beiordnung eines Pflichtverteidigers schon im Ermittlungsverfahren erheblich ausgeweitet, so dass es nur noch wenige Ausnahmefälle geben dürfte, in denen sich erst in der Hauptverhandlung die Frage der Notwendigkeit der Beiordnung eines Pflichtverteidigers stellen dürfte.

Die Voraussetzungen der Pflichtverteidigerbeiordnung ergeben sich zum einen aus der Katalogaufzählung des § 140 Abs. 1 StPO und zum anderen aus der Generalklausel des § 140 Abs. 2 StPO.

46 1) In Verfahren vor dem Amtsgericht kommen für eine Beiordnung als Pflichtverteidiger nach dem Katalog des § 140 Abs. 1 nur einige Tatbestände in Betracht, von denen auch nur die folgenden in der Praxis tatsächlich eine Rolle spielen.

Eine Beiordnung nach dem erweiterten § 140 Abs. 1 Ziff. 1 StPO hat zu erfolgen, wenn die Hauptverhandlung vor dem Schöffengericht stattfindet. Da bereits vor der Gesetzesänderung bei Anklageerhebung vor dem Schöffengericht in der Regel aufgrund anderer Voraussetzungen die Mitwirkung eines Verteidigers erforderlich war, dürfte dieser Ausweitung in erster Linie klarstellende Funktion zukommen.

Ein Fall, in dem allerdings auch gelegentlich bei dem Strafrichter bei dem Amtsgericht eine Beiordnung vorzunehmen ist, dürfte nach § 140 Abs. 1 Ziff. 5 StPO sein. Einem Angeklagten, der sich aufgrund richterlicher Anordnung oder mit richterlicher Genehmigung in einer Anstalt befindet, ist danach ein Pflichtverteidiger beizuordnen. Dies gilt also für alle Fälle, in denen sich der Angeklagte in Haft befindet, sei es in Untersuchungshaft für das vorliegende oder andere Verfahren, sei es in Strafhaft in anderer Sache.

Schließlich ist dem Angeklagten seit 2013 nach § 140 Abs. 1 Ziff. 9 StPO ein Pflichtverteidiger beizuordnen, wenn dem Verletzten nach § 397a und § 406g Abs. 3, 4 StPO ein Rechtsanwalt beigeordnet worden ist.

47 2) Praxisrelevanter wird für Sie der § 140 Abs. 2 StPO werden. Danach ist einem Angeklagten ein Pflichtverteidiger beizuordnen, wenn wegen **der Schwere der Tat, (seit 2019) der Schwere der**

III. Beiordnung eines Pflichtverteidigers §2

Rechtsfolgen oder wegen der **Schwierigkeit der Sach- und Rechtslage** die Mitwirkung eines Verteidigers geboten ist, oder wenn ersichtlich ist, dass der Angeklagte sich nicht selbst verteidigen kann.

Die **Schwere der Tat** beurteilte sich auch nach der Gesetzeslage vor der Neuregelung der Beiordnung in erster Linie nach der zu erwartenden Rechtsfolgenentscheidung. Insoweit kommt dieser Gesetzesänderung ausschließlich klarstellende Bedeutung zu. 48

Für die Frage der **Schwere der Rechtsfolgen** kommt es naturgemäß in erster Linie darauf an, mit welcher Strafe der Angeklagte zu rechnen hat. Insoweit gibt nach der Rechtsprechung eine zu erwartende **Freiheitsstrafe von mehr als einem Jahr** in der Regel Anlass für eine Beiordnung eines Pflichtverteidigers. Diese Grenze gilt auch, wenn sie durch Einbeziehung einer anderen Verurteilung im Wege der Einheitsjugendstrafe oder durch eine Gesamtstrafenbildung erreicht werden sollte.

Auch sind sonstige schwerwiegende Nachteile zu berücksichtigen, wenn sie der Angeklagte mit Bestimmtheit zu erwarten hat. Insbesondere wenn der Angeklagte im Falle der Verurteilung mit dem Widerruf der Verurteilung einer Bewährung in einer anderen Sache zu rechnen hat, kann dies die Beiordnung eines Pflichtverteidigers erforderlich machen.

Schwerer zu beurteilen ist die Frage, wann **Schwierigkeiten der Sach- oder Rechtslage** die Beiordnung eines Pflichtverteidigers gebieten. Dies lässt sich allgemein kaum umschreiben, sondern immer nur im konkreten Einzelfall beurteilen. Die Beiordnung des Pflichtverteidigers dient in diesen Fällen der Sicherung eines rechtsstaatlichen und fairen Verfahrens. Vor diesem Hintergrund bestehen keine Bedenken gegen eine großzügige Beiordnung, zumal die Beiordnung revisionsrechtlich nicht angreifbar ist, die Nichtbeiordnung jedoch zu einer Aufhebung des Urteils führen kann. 49

50 Eine Beiordnung wegen der Schwierigkeit der Sach- und Rechtslage kann geboten sein,
- bei einer sehr komplizierten Beweissituation,
- wenn zahlreiche und widersprüchliche Zeugenaussagen vorliegen,
- wenn es auf ein schwieriges Sachverständigengutachten ankommt,
- wenn zur Vorbereitung der Hauptverhandlung die Auswertung von Videoaufnahmen erforderlich ist,
- wenn die Verwertbarkeit einer Blutprobe streitig ist.

51 Die Unfähigkeit zur Selbstverteidigung kann darauf beruhen, dass der Angeklagte aufgrund seiner geistigen Fähigkeiten, seines Gesundheitszustandes und den sonstigen Umständen nicht zur Verteidigung in der Lage ist.

Das kann zum Beispiel geboten sein,
- wenn der Angeklagte Analphabet ist,
- bei einem Legastheniker,
- bei einem der deutschen Sprache nicht mächtigen Ausländer, wenn allein die Beiziehung eines Dolmetschers zum Verständnis der Sachlage nicht ausreichend erscheint.

52 Auch einem tauben oder stummen Angeklagten ist nach § 140 Abs. 2 StPO ausdrücklich ein Pflichtverteidiger beizuordnen.

53 3) Diese Grundsätze zur Beiordnung eines **Pflichtverteidigers** gelten auch im **Jugendstrafverfahren** nach §§ 68 JGG, 140 StPO. Wenn einem Erwachsenen ein Pflichtverteidiger beizuordnen wäre, ist auch einem Jugendlichen oder einem Heranwachsenden ein Pflichtverteidiger beizuordnen. Tatsächlich dürften an die Voraussetzungen einer Beiordnung sogar geringere Anforderungen zu stellen sein. Denn grundsätzlich sind aufgrund der geringeren Lebenserfahrung und Lebenskompetenz ein Jugendlicher und auch ein Heranwachsender schutzbedürftiger als ein Erwachsener. Dieser Schutzbedürftigkeit sollte auch im Jugendstrafverfahren, das unter dem Gesichtspunkt der Erziehung des Angeklagten steht, Rechnung getragen werden.

54 4) Nach § 142 Abs. 5 StPO soll der von dem Angeklagten bezeichnete Verteidiger bestellt werden, wenn dieser Auswahl kein

III. Beiordnung eines Pflichtverteidigers §2

wichtiger Grund entgegensteht. Das Kriterium der Ortsansässigkeit des Verteidigers ist diesbezüglich ohne Bedeutung. Entscheidendes Kriterium für die Auswahl des Pflichtverteidigers ist das zwischen dem Angeklagten und seinem Verteidiger bestehende **Vertrauensverhältnis**. Allerdings ist mit der Neufassung auch klargestellt, dass ein wichtiger Grund zur Versagung des von dem Angeklagten vorgeschlagenen Verteidigers der Umstand ist, dass der Verteidiger nicht oder nicht rechtzeitig zur Verfügung steht.

Hat der Angeklagte bereits einen Wahlverteidiger, so kann dieser als Pflichtverteidiger beigeordnet werden, wenn er das Mandat niedergelegt hat. In der Regel wird deshalb der Antrag auf Beiordnung als Pflichtverteidiger vom Wahlverteidiger mit der Erklärung verbunden, dass er im Falle der Beiordnung das Wahlmandat niederlege. Aber auch wenn dies nicht ausdrücklich erklärt wird, ist der Antrag auf Beiordnung als Pflichtverteidiger dahin auszulegen, dass er die Niederlegungsankündigung enthält. Die Beiordnung des Wahlverteidigers als Pflichtverteidiger ist jedoch dann zu versagen, wenn der Wahlverteidiger zur Sicherstellung einer kontinuierlichen Verteidigung nicht in der Lage ist, zB weil er während einer bereits laufenden Hauptverhandlung an der Wahrnehmung der weiteren Termine gehindert ist. 55

Es kam schon immer gelegentlich vor, dass bei einer bestehenden Pflichtverteidigung sich ein Wahlverteidiger bestellt und deshalb die Pflichtverteidigerbeiordnung des ersten Pflichtverteidigers gemäß § 143 StPO aufgehoben wird. Nunmehr ist mit der Neufassung des § 143a StPO die frühere Rechtsprechung ausdrücklich kodifiziert worden, dass, wenn zu besorgen ist, dass der neue Wahlverteidiger das Mandat demnächst niederlegen wird und den Antrag stellen wird, selbst als Pflichtverteidiger beigeordnet zu werden, die Bestellung des ursprünglichen Pflichtverteidigers nicht aufzuheben ist. In diesen Fällen dient augenscheinlich die Bestellung als Wahlverteidiger nur der Verdrängung des anderen Anwalts.

Sind Sie unter Berücksichtigung der obigen Ausführungen der Auffassung, dass die Voraussetzungen einer Beiordnung vorliegen, so nehmen Sie entsprechend Stellung. Die Erklärung, dass Sie keine Bedenken gegen die Beiordnung haben, reicht hier aus.

Andernfalls beantragen Sie, den Antrag auf Pflichtverteidigerbeiordnung abzulehnen unter kurzer Darlegung, warum diese nicht geboten ist.

IV. Vernehmung des Angeklagten nach § 243 Abs. 5 StPO

56 Als erstes wird der Angeklagte vom Gericht belehrt, dass es ihm freisteht zur Sache auszusagen (§ 243 Abs. 5 S. 1, 136 StPO). Dem folgt ggfs. die Einlassung des Angeklagten zur Sache. Diese hat mündlich zu erfolgen. Hierbei muss dem Angeklagten Gelegenheit gegeben werden, sich möglichst im Zusammenhang zu äußern. Die Verlesung einer Verteidigungsschrift ist nicht zulässig, wohl aber die Verwendung von Notizen. Während der Angeklagte zur Sache aussagt, sollten Sie sich darauf beschränken, allenfalls in Stichworten den wichtigsten Teil der Aussage zu notieren. Ein Formular, auf dem solche Notizen eingetragen werden können, befindet sich im Anhang. Wichtiger als Notizen anzufertigen ist es, in der Vernehmung durch den Richter darauf zu achten, ob diesem wegen der Konzentration auf die Verhandlungsführung und die nächste Frage eventuell etwas entgangen ist. Gelegentlich kommt es auch vor, dass der Richter auf dem Hintergrund der Aktenkenntnis Informationen voraussetzt und nicht hinterfragt, die Ihnen nicht vorliegen.

57 Nach Beendigung der Befragung durch das Gericht steht Ihnen als Staatsanwalt das **Fragerecht** zu. Sind aus Ihrer Sicht keine Fragen offen, ist es natürlich nicht nötig, etwas zu fragen. Allerdings sollten Sie sich nicht scheuen, die Fragen zu stellen, die Ihnen noch nicht geklärt erscheinen oder deren Antwort Sie nicht verstanden haben. Da Sie später plädieren, müssen Sie die Einlassung des Angeklagten verstanden haben und dürfen insoweit keine offenen Fragen haben.

58 Gelegentlich werden Sie erleben, dass der Angeklagte den Vorwurf abstreitet und schon allein die **Einlassung** des Angeklagten wenig glaubhaft, in sich widersprüchlich oder sehr lebensfremd erscheint. Natürlich ist es grundsätzlich zulässig, den Angeklagten hierauf kurz hinzuweisen. Allerdings ist es erfahrungsgemäß nur sehr selten möglich, einen Angeklagten unter Zuhilfenahme

V. Beweisaufnahme

logischer Argumente davon zu überzeugen, dass seine Aussage nicht sehr glaubhaft ist. Entsprechende Vorhalte oder Nachfragen führen in der Regel nicht dazu, dass der Angeklagte seine Einlassung ändert und sind Zeitverschwendung. Am besten ist es deshalb, die Version des Angeklagten hinzunehmen und sich erst im Plädoyer damit auseinanderzusetzen, dass und warum schon die Einlassung des Angeklagten unglaubhaft erscheint.

V. Beweisaufnahme

Nach der Vernehmung des Angeklagten folgt die Beweisaufnahme nach § 244 Abs. 1 StPO.

1. Zeugenvernehmung

Die Beweisaufnahme beginnt mit der Vernehmung der Zeugen, soweit diese erschienen sind.

Ist ein geladener Zeuge **unentschuldigt oder entschuldigt ferngeblieben**, ist zu prüfen, ob die Hauptverhandlung auch ohne diesen Zeugen durchgeführt werden kann. Dies kann der Fall sein, wenn der Angeklagte im Gegensatz zum Ermittlungsverfahren in der Hauptverhandlung geständig ist oder die restlichen Beweismittel ausreichen. In diesem Fall kann auf den Zeugen verzichtet werden. In der Regel wird das Gericht seine Einschätzung hierzu mitteilen und Sie und ggfs. einen anwesenden Verteidiger um die Erklärung Ihrer Auffassung zu dieser Frage bitten.

Unabhängig davon, ob der Zeuge verzichtbar ist oder nicht, ist im Hinblick auf die gesetzlichen Folgen eines Nichterscheinens festzustellen, ob der Zeuge ordnungsgemäß geladen worden und ob er dem Termin unentschuldigt ferngeblieben ist.

Die Kriterien sind ähnlich wie beim Angeklagten.

Ein Zeuge, der zur festgesetzten Zeit nicht im Gerichtssaal ist, ist selbstverständlich nicht erschienen. Nichterschienen ist aber auch der Zeuge, der zwar zunächst kommt, sich aber dann vor seiner Vernehmung wieder vorzeitig entfernt. Schließlich ist auch ein Zeuge nicht erschienen, der zwar körperlich anwesend, aber aufgrund Trunkenheit oder Konsums anderer berauschender Mittel nicht vernehmungsfähig ist. Genügend entschuldigt ist zB ein Zeuge, der unverschuldet keine Kenntnis von der Ladung hat oder erkrankt ist. Nicht genügend ist ein Verschlafen des Termins oder private oder berufliche Pflichten, wobei es insoweit jeweils auf den Einzelfall ankommt.

62 **Unentschuldigtes Fernbleiben** setzt voraus, dass der Zeuge sich nicht genügend entschuldigt hat. Das bedeutet, dass Entschuldigungsgründe objektiv vorliegen müssen und der Zeuge diese auch mitgeteilt haben muss. Die Entschuldigung muss auch **rechtzeitig** mitgeteilt worden sein. Sie muss so frühzeitig bei Gericht eingehen, dass eine Verlegung des Termins und eine Abbestellung der geladenen Personen noch im gewöhnlichen Geschäftsbetrieb möglich ist.

63 Liegen die Voraussetzungen einer rechtzeitigen und genügenden Entschuldigung nicht vor, werden dem Zeugen die durch das Ausbleiben verursachten Kosten auferlegt (§ 51 Abs. 1 StPO). Zugleich wird gegen den Zeugen ein **Ordnungsgeld** und für den Fall, dass dieses nicht beigetrieben werden kann, **Ordnungshaft** festgesetzt. Die zulässige Höhe des Ordnungsgeldes und der Ordnungshaft ergibt sich aus § 6 Abs. 1 EGStGB. Das Ordnungsgeld reicht von 5 bis 1.000 EUR, die Ordnungshaft von einem Tag bis höchstens sechs Wochen. Üblicherweise werden Ordnungsgelder in der Höhe von 150 EUR, ersatzweise drei Tage Ordnungshaft verhängt. Die Festsetzung ist zwingend, ein Ermessen des Gerichtes besteht nicht. Der Sitzungsvertreter muss deshalb auch einen diesbezüglichen gerichteten Antrag stellen.

64 ▶ **DER ANTRAG LAUTET:** Ich beantrage, gegen den Zeugen ein Ordnungsgeld von EUR 150,-, ersatzweise drei Tage Ordnungshaft zu verhängen und ihm die durch sein Ausbleiben verursachten Kosten aufzuerlegen. ◀

65 Kann auf die Vernehmung des Zeugen nicht verzichtet werden, wird in der Regel die Hauptverhandlung **unterbrochen** und für den Fortsetzungstermin die zwangsweise Vorführung des Zeugen angeordnet. Abhängig von der Terminplanung des Richters ist natürlich auch eine Aussetzung und **Vertagung** möglich.

V. Beweisaufnahme

Wird eine Hauptverhandlung vorläufig nicht zu Ende gebracht, sind dies nämlich die beiden Möglichkeiten der Fortführung des Verfahrens:

Soll die Hauptverhandlung **fortgesetzt** werden, handelt es sich um eine **Unterbrechung** im Sinne des § 229 Abs. 1 StPO. Grundsätzlich kann die Hauptverhandlung nach § 229 Abs. 1 StPO für eine Frist von drei Wochen unterbrochen werden. Vor dem Amtsgericht eher selten wird ein Fall des mit dem Gesetz zur Modernisierung von 2019 geänderten § 229 Abs. 3 StPO vorliegen. Danach kann die Hauptverhandlung, sofern sie bereits an mindestens 10 Tagen stattgefunden hat, im Falle von Krankheit eines Angeklagten oder des Richters bzw. wegen gesetzlichen Mutterschutzes oder Elternzeit des Richters für zwei Monate unterbrochen werden.

66

Im Falle der Unterbrechung gelten die Prozesshandlungen und Geschehnisse des ersten Termins fort, müssen also nicht wiederholt werden. Sinnvollerweise ist deshalb der Fortsetzungstermin durch denselben Sitzungsvertreter wahrzunehmen, was Sie durch geeignete organisatorische Maßnahmen sicherstellen müssen. Ist eine Wahrnehmung ausnahmsweise nicht möglich, zB weil dieser Termin nach dem Ende Ihrer Ausbildung als Referendar oder in Ihrem Urlaub liegt, sollten Sie zunächst bereits in der Hauptverhandlung den vorsitzenden Richter hierüber informieren und um eine andere Terminierung bitten. Wenn eine Berücksichtigung bei der Terminplanung durch das Gericht nicht erfolgen kann und tatsächlich der zweite Termin durch einen anderen Sitzungsvertreter wahrgenommen werden muss, müssen Sie Ihren Nachfolger durch Niederlegung eines schriftlichen Vermerkes über den bisherigen Verhandlungsverlauf und die Beweiserhebungen in die Lage versetzen, den Fortführungstermin wahrzunehmen. Zusätzlich zu einem schriftlichen Vermerk ist natürlich auch eine mündliche Information zu empfehlen, falls dies möglich ist. In geeigneten Fällen, in denen die Hauptverhandlung weitgehend abgeschlossen ist und in dem Folgetermin nur wenig relevanter Prozessstoff zu erwarten ist, kann es sich auch anbieten, bereits in Stichworten die wesentlichen Gedanken eines Plädoyers niederzulegen und auf diese Weise dem Nachfolger die Arbeit zu erleichtern. Hin-

§ 2 Die Hauptverhandlung/Beweisaufnahme

sichtlich der organisatorischen Abwicklung ist über eine Unterbrechung unmittelbar der Ausbilder oder der in der Behörde für die Einteilung des Sitzungsdienstes verantwortliche Ansprechpartner zu unterrichten.

67 Wird die Hauptverhandlung dagegen **vertagt**, dh richtigerweise **ausgesetzt** im Sinne des § 228 StPO, folgt eine neue selbstständige Verhandlung, die von der ersten Verhandlung unabhängig ist. Sämtliche Prozesshandlungen müssen wiederholt werden. Aus diesem Grunde sollte die Vertagung, insbesondere bei fortgeschrittener Beweisaufnahme, die Ausnahme bleiben. Obwohl die Hauptverhandlung in diesem Fall neu beginnt, empfiehlt es sich, die Sitzungsnotizen in der Handakte zu belassen. Diese können dem Nachfolger in der nächsten Verhandlung gelegentlich wertvolle Hinweise, zB über Zeugenaussagen, geben.

68 Ist der Zeuge anwesend, so geht der Vernehmung die **Belehrung** über die Wahrheitspflicht voraus. Falls die Zeugen nicht gestaffelt zu unterschiedlichen Uhrzeiten geladen sind, werden sie üblicherweise vor Vernehmung des ersten Zeugen alle in den Saal gebeten und gemeinsam belehrt. Sehr selten vergessen Richter einmal aufgrund der Konzentration auf die Sache die Belehrung. Sollte dies aber einmal geschehen und nicht bereits der Protokollführer den Richter aufmerksam machen, dürfen Sie sich nicht scheuen, einen entsprechenden Hinweis zu geben.

Die Zeugenvernehmung beginnt zunächst mit den Angaben der Zeugen zur Person.

69 Sollte ein **Zeugnisverweigerungsrecht** gemäß § 52 StPO bestehen, sind Zeugen hierüber zu belehren.

Die Feststellung eines Zeugnisverweigerungsrechtes für solche Personen, die mit dem Angeklagten verlobt, verheiratet oder in gerader Linie verwandt sind, bereitet in der Regel keine Schwierigkeiten.

70 Hinsichtlich des **Verlöbnisses** ist entscheidend, ob dies zur Zeit der Aussage (noch) besteht. Da das Verlöbnis bekanntermaßen ein gegenseitiges und von beiden Seiten ernst gemeintes Eheversprechen darstellt, besteht kein zur Zeugnisverweigerung berechtigendes Verlöbnis, wenn bei einem der Partner dieser ernst ge-

V. Beweisaufnahme § 2

meinte Wille nicht besteht. Einfache Fragen nach dem derzeitigen Verhältnis und den Zukunftsabsichten wirken hier oft Wunder. Das Gericht kann die Angabe des Verlöbnisses durch den Zeugen als richtig hinnehmen, wenn niemand widerspricht. In Zweifelsfällen muss es jedoch eine Glaubhaftmachung nach § 56 StPO verlangen. Der Zweifelssatz „in dubio pro reo" gilt insoweit nicht.

Bei der **Ehe** kommt es dagegen nicht darauf an, ob sie zur Zeit der Aussage noch besteht. Auch eine frühere, im Zeitpunkt der Vernehmung geschiedene Ehe begründet ein Zeugnisverweigerungsrecht. Gleiches gilt für **Lebenspartner** nach dem Lebenspartnerschaftsgesetz (LPartG). 71

Schwierigkeiten bereiten im Gegensatz zu dem Zeugnisverweigerungsrecht des Ehegatten gelegentlich die Fälle des § 52 Abs. 1 Ziff. 3 StPO: Danach kommt demjenigen ein Zeugnisverweigerungsrecht zu, der mit dem Beschuldigten in gerader Linie **verwandt oder verschwägert**, in der Seitenlinie bis zum 3. Grad verwandt oder bis zum 2. Grad verschwägert ist oder war. Dies erfordert gelegentlich eine umständliche Feststellung der Linien und der Anzahl der vermittelnden Geburten. 72

Die Frage, ob ein Zeuge zum Kreis der Angehörigen gehört, denen ein Zeugnisverweigerungsrecht zukommt, kann im Übrigen nicht dem Zeugen überlassen werden, sondern muss vom Gericht entschieden werden. Eine **Belehrung,** dass der Zeuge berechtigt sei, das Zeugnis zu verweigern, falls er zu den in § 52 Abs. 1 StPO bezeichneten Angehörigen des Angeklagten gehöre, ist unzulässig. Die Belehrung muss vielmehr dem Zeugen klar und eindeutig vor Augen führen, dass er nicht gegen seinen Angehörigen aussagen muss. Ist die Belehrung fehlerhaft, so führt dies zu einem Beweisverwertungsverbot hinsichtlich der Aussage des Zeugen, so dass für die Prüfung der Frage des Angehörigenverhältnisses und eines eventuellen Zeugnisverweigerungsrechts erhebliche Sorgfalt erforderlich ist. Keine Bedenken bestehen allerdings, wenn ein Zeuge nach einer entsprechenden Belehrung bei der Überlegung, in welchem Verwandtschaftsgrad er zu dem Angeklagten steht, erklärt, dass er auf jeden Fall aussagen will, auch für den Fall, dass ihm ein Zeugnisverweigerungsrecht zustehen sollte. 73

74 Der Einfachheit halber sind deshalb in der folgenden Zeichnung die Personen aufgeführt, denen ein Zeugnisverweigerungsrecht zukommt. Diese Auflistung ist nicht abschließend, erlaubt aber bei Auftreten weiterreichender Verwandtschafts- bzw. Schwägerschaftsverhältnisse einen recht schnellen Vergleich. Hier ist immer besondere Aufmerksamkeit angezeigt, da es sich auch um eine richterliche Fehlerquelle handelt.

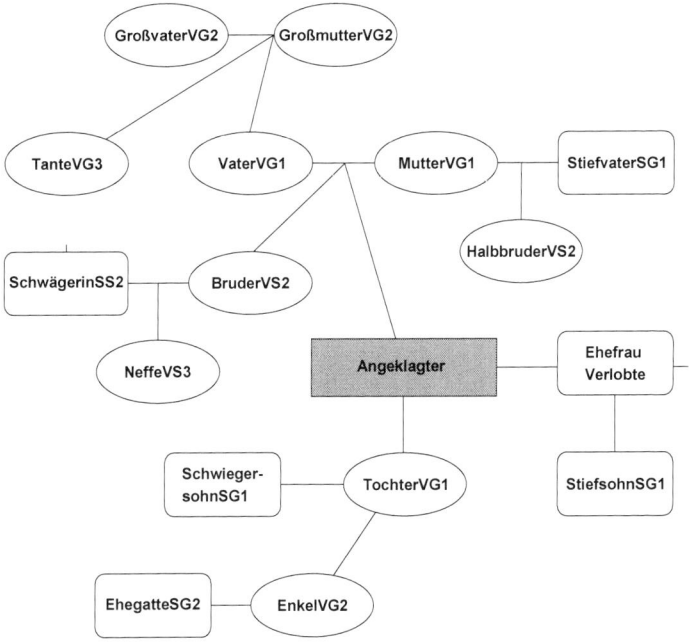

Der erste Buchstabe bezieht sich auf Verwandtschaft (V) oder Schwägerschaft (S), der zweite Buchstabe auf gerade Linie (G) oder Seitenlinie (S).

75 Macht ein Zeuge von dem ihm zustehenden Zeugnisverweigerungsrecht Gebrauch, sind **Fragen an den Zeugen unzulässig**. Darüber hinaus darf, falls der Zeuge erstmals in der Hauptverhandlung von seinem Zeugnisverweigerungsrecht Gebrauch macht,

V. Beweisaufnahme §2

auch die Niederschrift einer Aussage dieses Zeugen nicht verlesen werden (§ 252 StPO). Über den Wortlaut hinaus enthält § 252 StPO sogar nicht nur ein Verlesungsverbot, sondern ein nahezu umfassendes **Verwertungsverbot**.

Auch eine Einführung der Aussage auf anderem Wege, zum Beispiel über die Vernehmung der **Verhörsperson**, also zum Beispiel des Polizeibeamten, ist unzulässig. Eine Ausnahme ist allein für die frühere richterliche Vernehmung zu machen: Ist der Zeuge von einem Richter ordnungsgemäß belehrt worden und hat zB vor dem Ermittlungsrichter Angaben gemacht, darf der Richter als Vernehmungsperson zum Inhalt der Aussage vernommen werden; der Vorhalt des richterlichen Vernehmungsprotokoll gegenüber dem Richter ist ebenfalls möglich. Dies kann in Ihrer Praxis insbesondere bei Opfern häuslicher Gewalt durchaus vorkommen. Denn in Fällen häuslicher Gewalt ist das Opfer häufig einziger Tatzeuge, und häufig kommt ihm auch ein Zeugnisverweigerungsrecht zu. Von diesem macht der Zeuge dann in der Hauptverhandlung Gebrauch, sei es aus Angst vor dem Angeklagten, sei es in dem Wunsch, die noch existierende Beziehung zu retten. Gerade in diesen Fällen kommt deshalb einer richterlichen Vernehmung im Ermittlungsverfahren durch den Ermittlungsrichter oft erhebliche Bedeutung für den weiteren Verfahrensverlauf zu. 76

Das Verwertungsverbot hinsichtlich **nichtrichterlicher** Aussagen bezieht sich nach der Rechtsprechung jedoch nur auf solche Aussagen, die **innerhalb einer Vernehmung** gemacht worden sind. Als Vernehmung in diesem Sinne ist nicht nur die durchgeführte förmliche Vernehmung anzusehen. Der Begriff der Vernehmung umfasst in diesem Sinne alle Bekundungen aufgrund einer amtlichen Befragung, also auch Angaben bei einer zunächst rein informatorischen Befragung durch die vor Ort ermittelnden Polizeibeamten. 77

Ausgenommen sind hiervon allein solche Erklärungen, die der Zeuge unabhängig von einer Befragung gemacht hat. Erklärungen gegenüber Privatpersonen dürfen durch die Vernehmung der Privatperson als Zeuge in das Verfahren eingeführt und verwertet werden. Auch **Spontanäußerungen** gegenüber Polizeibeamten dürfen verwertet werden. Darunter versteht man solche Äußerun- 78 gen, die der Zeuge von sich aus, spontan bzw. ungefragt aus freien Stücken außerhalb einer Vernehmung abgegeben hat. Diese können zum Beispiel in telefonischen Hilferufen oder in unmittelbar beim Erscheinen der Polizei noch vor jeglicher Belehrung und Befragung abgegebenen Erklärungen enthalten sein.

79 Auch eine Befragung oder **Einvernahme durch den Verteidiger** im Ermittlungsverfahren ist grundsätzlich keine Vernehmung in diesem Sinne, da es sich nicht um eine amtliche Anhörung handelt. Grundsätzlich ist es dem Verteidiger nicht verwehrt, während des laufenden Ermittlungsverfahrens mit Zeugen Gespräche zu führen. Nach der Rechtsprechung des Bundesgerichtshofes darf aber das Gespräch eines Zeugen, der sich in der Hauptverhandlung auf sein Zeugnisverweigerungsrecht beruft, nicht durch zeugenschaftliche Vernehmung des Verteidigers in die Hauptverhandlung eingeführt und im Verfahren verwertet werden. Dies beruht darauf, dass ein solches Gespräch des Verteidigers mit dem Zeugen im Ermittlungsverfahren natürlich zur Berücksichtigung im Verfahren bestimmt ist und von daher einer Vernehmung nahe kommt. Da schon Vernehmungen durch die Polizei und Strafverfolgungsorgane nicht verwertet werden dürfen, muss dies erst recht für Gespräche mit dem Verteidiger gelten, dem gegenüber keinerlei Wahrheitspflicht des Zeugen besteht und der als Interessenvertreter des Angeklagten tätig wird.

80 Schließlich kommt es in der Praxis auch gelegentlich vor, dass ein Zeuge, dem ein Zeugnisverweigerungsrecht zusteht, zwar ein Interesse an der Strafverfolgung des Angeklagten hat, sich aber aus persönlichen Gründen nicht der belastenden Situation einer Zeugenvernehmung und Befragung unterziehen will. In diesen Fällen kann der Zeuge in der Hauptverhandlung von seinem Zeugnisverweigerungsrecht Gebrauch machen, aber gleichzeitig das **Einverständnis mit der Verwertung der in dem Ermittlungsverfahren getätigten Vernehmungen erklären**. Dies ist nach der Rechtsprechung zulässig.

81 Aufgrund des sich aus § 250 StPO ergebenden **Unmittelbarkeitsgrundsatzes** geht allerdings der Personalbeweis dem Urkundsbeweis vor. Das bedeutet, dass nicht die frühere Vernehmung durch Verlesung des Protokolls ersetzt werden darf, sondern dass der

V. Beweisaufnahme

vernehmende Beamte als Zeuge vernommen werden muss. Dies gilt auch wenn sich der Zeuge nicht mehr genau an den Inhalt der Aussage erinnern kann. Zulässig ist in diesen Fällen jedoch der **Vorhalt** des von der Vernehmung gefertigten Protokolls. Zum Zwecke des Vorhaltes darf das Protokoll auch teilweise verlesen werden. Der Vorhalt ist ein Vernehmungsbehelf, der dem Zeugen zur Gedächtnisauffrischung und Erinnerungsstütze dienen soll. In Durchbrechung des Unmittelbarkeitsgrundsatzes darf das Protokoll auch zur **Gedächtnisunterstützung** gemäß § 253 StPO verlesen werden.

Die Zeugen sind erforderlichenfalls auch hinsichtlich etwaiger **Auskunftsverweigerungsrechte nach § 55 StPO** zu belehren. Danach kann ein Zeuge die Auskunft auf solche einzelnen Fragen verweigern, deren Beantwortung für ihn oder eine der in § 52 StPO aufgeführten Personen die Gefahr einer Verfolgung wegen einer Straftat oder Ordnungswidrigkeit birgt.

Diese Gefahr muss sich aus einer früheren **Straftat oder Ordnungswidrigkeit** ergeben, also nicht wegen des Inhalts der jetzigen Aussage vor Gericht. Hierbei reicht es aus, wenn die Einleitung eines Ermittlungsverfahrens droht, sofern es sich nicht um eine rein theoretische Gefahr handelt. Nur wenn die Gefahr einer Verfolgung zweifellos ausgeschlossen ist, besteht kein Auskunftsverweigerungsrecht.

Das Auskunftsverweigerungsrecht erstreckt sich in der Regel nur auf die Einzelpunkte, die die Gefahr der Verfolgung begründen. Es kann jedoch auch ausnahmsweise zu einem umfassenden Auskunftsverweigerungsrecht erstarken, wenn die gesamte in Betracht kommende Aussage mit einem möglicherweise strafbaren oder ordnungswidrigen eigenen Verhalten in einem so engen Zusammenhang steht, dass im Umfang der vorgesehenen Vernehmungsgegenstände nichts übrig bleibt, wozu der Zeuge ohne die Gefahr der Verfolgung wegen einer Straftat oder Ordnungswidrigkeit wahrheitsgemäß aussagen könnte (BGH, NStZ 2002, 607).

Dies kann zum Beispiel bei noch nicht rechtskräftig verurteilten **Mittätern** der Fall sein. Ist ein Mittäter hingegen rechtskräftig verurteilt und insoweit Strafklageverbrauch eingetreten, so kommt ihm wegen seiner Tatbeteiligung kein Auskunftsverweigerungsrecht mehr zu. (So BGH in NJW 2005, 2116: „... Besteht zwischen dem Gegenstand, zu dem er befragt werden soll, und dem abgeurteilten Sachverhalt ein Zusammenhang, ist daher abzugrenzen: Das Auskunftsverweigerungsrecht kann grundsätzlich nur in dem Umfang greifen, in welchem die Befragung sich auf Vorgänge richtet, die im Verhältnis zu dem abgeurteilten Geschehen andere Taten im verfahrensrechtlichen Sinn des § 264 Abs. 1 StPO darstellen würden (vgl. BGH, NJW 1999, 1413 [1414]) und der Zeuge hierfür möglicherweise durch eine wahrheitsgemäße Aussage zumindest weitere Ermittlungsansätze gegen sich selbst liefern müsste (vgl. BVerfG, NJW 2002, 1411 = NStZ 2002, 378 [379])".

86 Aber auch bei einem **rechtskräftig verurteilten Mittäter** kann ein Auskunftsverweigerungsrecht nach § 55 StPO bestehen. Wenn nämlich die Gefahr besteht, dass der Zeuge durch die Beantwortung einzelner Fragen weitere, noch verfolgbare eigene Delikte offenbaren müsste und sich durch diese Auskünfte über Teilstücke ein mosaikartig zusammengesetztes Beweisgebäude ergeben würde, besteht keine Verpflichtung des Zeugen auf diese Weise potenzielle neue Beweismittel gegen sich zu produzieren. Nach dieser **Mosaiktheorie** kann zum Beispiel auch einem rechtskräftig verurteilten Betäubungsmittelhändler ein Auskunftsverweigerungsrecht bezüglich der Identität seiner Lieferanten zustehen, wenn konkrete Anhaltspunkte dafür bestehen, dass er mit diesen weitere, noch nicht abgeurteilte Drogengeschäfte getätigt hat und diese über die Lieferanten bekannt würden.

87 Kommt es mangels entgegenstehender Aussage- oder Auskunftsverweigerungsrechte zur Aussage des Zeugen zur Sache, ist § 48 a StPO zu beachten. Danach ist, wenn der Zeuge zugleich Verletzter ist, die Vernehmung und Verhandlung unter Berücksichtigung seiner besonderen Schutzwürdigkeit durchzuführen. Zu prüfen ist danach insbesondere, ob eine Vernehmung des Zeugen in Abwesenheit des Angeklagten nach § 168e StPO, eine audiovisuelle Vernehmung nach § 247a StPO oder ein Ausschluss der Öffentlichkeit gemäß § 171 Abs. 1 GVG geboten sind und in welchem

V. Beweisaufnahme § 2

Umfang auf Fragen nach dem persönlichen Lebensbereich des Zeugen nach § 68a Abs. 1 StPO verzichtet werden kann. Ebenfalls zu berücksichtigen ist § 406g Abs. 1 StPO. Danach steht dem Verletzten ein Anspruch auf Beistand durch einen psychologischen Prozessbegleiter zu. Dessen Qualifikation und die Ausgestaltung der Begleitung ist in dem Gesetz über die psychosoziale Prozessbegleitung im Strafverfahren (PsychPbG) geregelt. Diese Begleitung soll die individuelle Belastung eines besonders schutzbedürftigen Verletzten reduzieren. In der Pflicht zur Beachtung dieser Vorschriften steht hier das Gericht. Sollten Sie ein Vorgehen nach den vorgenannten Vorschriften für geboten erachten, sollten Sie eine entsprechende Vorgehensweise gegenüber dem Gericht anregen.

Während § 168d StPO die getrennte Vernehmung des Zeugen in Abwesenheit der eigentlich Berechtigten durch den Ermittlungsrichter im Vorverfahren regelt, erlaubt § 247a StPO gleichermaßen eine audiovisuelle Vernehmung von Zeugen in der Hauptverhandlung. Diese Vorschrift ist als Ausnahmevorschrift zu § 250 S. 1 StPO eng auszulegen. Eine audiovisuelle Vernehmung ist danach zur Vermeidung einer dringenden Gefahr eines schwerwiegenden Nachteils für das körperliche und seelische Wohl eines Zeugen, die von der Präsenz der in der Hauptverhandlung Anwesenden ausgeht, möglich. Dies kann zB bei kindlichen Zeugen oder auch bei Opfern von Gewalttaten der Fall sein. Zum anderen kommt eine audiovisuelle Vernehmung in Betracht, wenn die Voraussetzungen des § 251 Abs. 2 StPO vorliegen, also dem Zeugen in der Hauptverhandlung aufgrund von Krankheit oder großer Entfernung die Teilnahme an der Hauptverhandlung nicht möglich ist. In der forensischen Praxis vor dem Amtsgericht kommen audiovisuelle Vernehmungen in der Hauptverhandlung so gut wie nie vor. 88

Nach § 171b Abs. 1 GVG kommt ein Ausschluss der Öffentlichkeit zum Schutz von Persönlichkeitsrechten des Zeugen in Betracht, soweit Umstände aus dem persönlichen Lebensbereich zur Sprache kommen, deren öffentliche Erörterung schutzwürdige Interessen verletzen würde. Hierzu gehören solche Umstände, die nicht das Berufs- oder Erwerbsleben betreten, sondern den priva- 89 ten Bereich eines Zeugen. Insbesondere der Gesundheitszustand, private Neigungen und die Sexualsphäre des Zeugen sind hier zuzurechnen. Die öffentliche Erörterung dieser Umstände verletzt schutzwürdige Interessen des Zeugen, wenn sein Ansehen in der Öffentlichkeit hierdurch beeinträchtigt wird. Dies wird bei Erörterungen des Intimbereichs in der Regel zu bejahen sein. Allerdings wird es in der Regel dann an einer Schutzwürdigkeit fehlen, wenn der Zeuge über diese Umstände bereits freiwillig in der Öffentlichkeit oder gar in den Medien berichtet hat.

Nach § 171 Abs. 2 GVG soll die Öffentlichkeit ausgeschlossen werden, wenn in Verfahren wegen Straftaten gegen die sexuelle Selbstbestimmung, das Leben, der Misshandlung von Schutzbefohlenen oder gegen die persönliche Freiheit ein Zeuge unter 18 Jahren vernommen wird.

Die Öffentlichkeit wird nach § 171b GVG entweder auf Antrag des Betroffenen oder von Amts wegen ausgeschlossen.

Stellt der Betroffene den Antrag, so muss ihm bei Vorliegen der Voraussetzungen stattgegeben werden.

Anträge anderer Personen geben dem Gericht Anlass zur Prüfung, ob die Öffentlichkeit von Amts wegen auszuschließen ist. Nach Nr. 131a RiStBV soll insbesondere der Sitzungsvertreter im Interesse des Verletzten einen Antrag auf Ausschluss der Öffentlichkeit stellen, wenn erkennbar ist, dass der Betroffene aus Unbeholfenheit keinen Antrag stellt.

Besonders zu beachten ist, dass in Verfahren, in denen die Öffentlichkeit wegen der in Abs. 2 genannten Straftaten ausgeschlossen worden ist, auch für die Schlussplädoyers die Öffentlichkeit auszuschließen ist. Damit soll verhindert werden, dass die Umstände, die zum Ausschluss der Öffentlichkeit geführt haben, nun doch bei den Schlussplädoyers öffentlich bekannt werden.

Schließlich sind nach **§ 68a StPO** ebenfalls Fragen nach bestimmten Lebensumständen durch den Zeugen nicht zu beantworten. Nach § 68a Abs. 1 StPO sind Fragen nach Tatsachen, die dem Zeugen oder einer Person, die im Sinne des § 52 Abs. 1 StPO Angehöriger ist, zur Unehre gereichen oder deren persönlichen Lebensbereich betreffen, nur zulässig, wenn sie unerlässlich sind.

V. Beweisaufnahme

Dieser Grundsatz ist auch bei der Leitung eines Sachverständigen zu beachten. Fragen und/oder sachverständige Untersuchungen zu sexuellen Präferenzen, zum sexuellen Vorleben oder Vorlieben und zu psychischen Auffälligkeiten sind also vor Erhebung zunächst besonders kritisch darauf zu prüfen, ob deren Beantwortung sich wirklich auf die Entscheidung auswirken kann. So in einer Randbemerkung mit beachtlichen Ausführungen (BGH NJW 2005, 1519), das in einem Verfahren wegen Vergewaltigung sowohl eine Untersuchung des Opfers durch einen Sachverständigen zu psychiatrischen Befunden und zu einem früheren Alkoholismus als auch Fragen und Beweiserhebungen dazu, ob das Opfer mit den für das Haus zuständigen Briefträgern und Kaminkehrern Geschlechtsverkehr gehabt habe, als unzulässig bewertet hat.

Gleiches gilt hinsichtlich der **Feststellung von Vorstrafen**. Nach dem mit dem 2. Opferrechtsreformgesetz eingefügten § 68a Abs. 2 StPO sind generell nur solche Frage zulässig, die erforderlich sind, um die Glaubwürdigkeit des Zeugen in der vorliegenden Sache zu beurteilen. Das gilt insbesondere auch für Fragen nach den **Beziehungen des Zeugen zum Angeklagten oder einem Verletzten**. 91

Im Anschluss an die Vernehmung zur Sache steht das **Fragerecht** zunächst Ihnen, dann dem Verteidiger und schließlich dem Angeklagten zu. Letzteres gilt aber nur für Zeugen, die unmittelbare Befragung eines Mitangeklagten durch einen Angeklagten ist unzulässig (§ 240 StPO). 92

▶ **Praxistipp:** Egal, wer durch das Gericht befragt wird, die Reihenfolge ist in der 1. Instanz immer gleich. Sie sind als Sitzungsvertreter der Staatsanwaltschaft unmittelbar nach dem Gericht an der Reihe! ◀

Bezüglich der Fragen des Verteidigers sollte man zwar durchaus großzügig sein. Andererseits darf man sich aber auch nicht scheuen, Fragen zu **beanstanden**. Dies gilt insbesondere dann, wenn nicht zur Sache gehörende Fragen gestellt werden oder wenn dieselbe Frage ständig wiederholt wird. Gleiches gilt für **Suggestivfragen** und für Fragen, die **mit unzutreffenden Vorhalten** verknüpft werden. Gelegentlich werden einleitend angebliche 93

Antworten des Zeugen falsch wiedergegeben. Generell sollte man auch dann eingreifen, wenn ersichtlich versucht wird, einem Zeugen das Wort im Munde zu verdrehen oder ihn zu verunsichern. Insbesondere Zeugen, die den Angeklagten belastende Aussagen machen, Geschädigte oder Opfer fühlen sich schnell durch Nachfragen des Verteidigers angegriffen. Dies kann bei Insistieren des Verteidigers häufig dazu führen, dass Zeugen aufgrund ihrer Verärgerung über den Verteidiger sich unsachlich verhalten und eine klare Aussage abschwächen, ohne dass dies in der Sache berechtigt ist.

94 Prozessual entscheidet zunächst allein der Vorsitzende nach § 241 StPO über die **Beanstandung und Zurückweisung von Fragen**. Sollte der Vorsitzende demnach nicht von sich aus Fragen des Verteidigers zurückweisen, müssten Sie eigentlich formell diese Zurückweisung beantragen. In der Praxis dürfte es in aller Regel ausreichen, wenn Sie bei solchen Fragen, die Ihrer Ansicht nach **eindeutig** nicht zulässig sind, hierauf vor einer Antwort des Zeugen den Verteidiger hinweisen. Häufig wird dann eine Entscheidung des Gerichtes über Beanstandungen im Ergebnis nicht erforderlich, weil der Verteidiger nach einer Beanstandung durch den Sitzungsvertreter einlenkt und Fragen umformuliert. Auf diese Weise verschafft ein Eingreifen des Sitzungsvertreters einem durch unzulässige Fragen des Verteidigers verunsicherten Zeugen eine Pause und entlastet ihn. Sollte der Verteidiger auf der Frage bestehen, ist eine Entscheidung des Vorsitzenden über die Zulässigkeit zu treffen, erforderlichenfalls auch des Gerichts.

95 Bei Fragen des Angeklagten ist zu beachten, dass es sich auch tatsächlich um Fragen handelt. Oft wollen Angeklagte dem Zeugen keine Fragen stellen, sondern beginnen eine Diskussion mit dem Zeugen. Dies ist nicht zulässig.

96 Ergibt sich aus der Aussage der Verdacht einer strafbaren **Falschaussage**, so wird man zunächst den Zeugen auf die Unrichtigkeit hinweisen und ihm Gelegenheit zur Korrektur geben. Hierbei kann man den Zeugen in der gebotenen Form auf die Konsequenzen einer Falschaussage hinweisen. Nimmt der Zeuge diese Chance nicht wahr, so ist die Einleitung eines neuen Ermittlungsverfahrens zu veranlassen. Gleichzeitig ist aus Beweissicherungsgründen

V. Beweisaufnahme § 2

unbedingt dafür Sorge zu tragen, dass die Falschaussage in der Hauptverhandlung **wörtlich protokolliert wird** (§ 183 GVG). Gelegentlich verzichten Gerichte auf die Erstellung eines Wortprotokolls. Eine wörtliche Protokollierung setzt voraus, dass die Aussage durch den Vorsitzenden zumindest hinsichtlich des entscheidenden Teils wörtlich in das Protokoll diktiert, dem Zeugen vorgelesen und von diesem als richtig genehmigt wird. Sie liegt dann nicht vor, wenn der Richter sich auf den Hinweis beschränkt, der Protokollführer habe die Aussage schon mitgeschrieben. In diesem Fall sollte der Sitzungsvertreter einen Antrag auf wörtliche Protokollierung stellen und mit dem Verdacht der Falschaussage gegen den Zeugen begründen.

▶ **EIN ENTSPRECHENDER ANTRAG KÖNNTE LAUTEN:** Ich beantrage die Aussage des Zeugen Müller gemäß § 183 GVG wörtlich zu protokollieren, weil der Anfangsverdacht besteht, dass sich der Zeuge Müller einer vorsätzlichen Falschaussage in dieser Hauptverhandlung strafbar gemacht hat. Der Zeuge hat erklärt, der Angeklagte sei am Tattage bei ihm gewesen. Man habe gemeinsam einen Videofilm geschaut. Um welchen Film es sich konkret gehandelt habe, konnte der Zeuge auch auf Nachfrage nicht angeben. Die Aussage steht im Widerspruch zu den Aussagen der unbeteiligten Zeugen, die den Angeklagten eindeutig als Fahrzeugführer identifiziert haben. ◀   97

Ein Sonderfall ist der lügende Zeuge, der sich ersichtlich darauf beschränkt, eine Erinnerungslücke vorzutäuschen und völlig unglaubhaft erklärt, sich an den entscheidenden Sachverhalt nicht mehr erinnern zu können. Hierin kann neben der Lüge auch eine **Aussageverweigerung** liegen. Die Folgen der ungerechtfertigten Aussageverweigerung sind in § 70 StPO geregelt. Danach werden dem Zeugen die durch die Weigerung verursachten Kosten auferlegt. Außerdem ist auch hier ein Ordnungsgeld, ersatzweise Ordnungshaft vorgesehen. Hinzu kommt, dass zur Erzwingung der Aussage Beugehaft angeordnet werden kann. Diese Entscheidung ergeht, nachdem der Zeuge auf die Folgen der Aussageverweigerung hingewiesen worden ist. Es besteht die Besonderheit, dass eine Beugehaft nicht durch die Staatsanwaltschaft, sondern durch das Gericht zu vollstrecken ist. Zuständig für alle Maßnahmen bleibt deshalb der Richter. Grund hierfür ist, dass auf diese Weise   98

§ 2 Die Hauptverhandlung/Beweisaufnahme

sichergestellt ist, dass bei Bereitschaft des Zeugen zur Aussage der Richter unmittelbar alle erforderlichen Maßnahmen ohne Zeitverzug anordnen kann. Das bedeutet, dass sich der Sitzungsvertreter darauf beschränken kann, zu beantragen, den Zeugen in Beugehaft zu nehmen. Alle weiteren Anordnungen und Maßnahmen sind dann ausnahmsweise durch das Gericht vorzunehmen und zu vollstrecken.

99 Nach Beendigung der Zeugenvernehmung muss über die **Vereidigung** entschieden werden, wobei die Nichtvereidigung der Regelfall ist. Nach § 59 StPO muss ein Zeuge vereidigt werden, wenn das Gericht die Vereidigung wegen der **ausschlaggebenden Bedeutung der Aussage** oder zur **Herbeiführung einer wahren Aussage** nach seinem Ermessen für notwendig hält. Ausschlaggebende Bedeutung hat eine Aussage, die für eine entscheidungserhebliche Tatsache das **alleinige** Beweismittel ist bzw. falls die übrigen Beweismittel allein nicht ausreichen. Notwendig zur Herbeiführung einer wahren Aussage ist die Vereidigung aber nur dann, wenn das Gericht der Auffassung ist, der Zeuge habe die **Unwahrheit** gesagt und es sei zu erwarten, dass er unter Eid nunmehr die Wahrheit bekunden werde. In der Praxis kommt es so gut wie nie vor, dass die Ankündigung der Vereidigung eine Änderung der Aussage erwarten lässt. Die Voraussetzungen für eine Vereidigung werden deshalb in der Regel nicht vorliegen. Der Sitzungsvertreter wird sich insoweit normalerweise den Überlegungen des Gerichtes anschließen können.

▶ **Praxistipp:** Im Regelfall stellen Sie keinen Antrag auf Vereidigung eines Zeugen und sollten einem entsprechenden Antrag der Verteidigung auch nicht beitreten. ◀

100 Stellt ein Verteidiger den **Antrag auf Vereidigung oder Nichtvereidigung eines Zeugen**, muss das Gericht hierüber in einem begründeten Beschluss entscheiden. Stellt ein Verteidiger keinen Antrag, will aber gleichwohl die Verteidigungsentscheidung des Vorsitzenden später in der Revision überprüfen lassen, so muss er nach § 238 Abs. 2 StPO vorgehen und einen Gerichtsbeschluss beantragen. Auch dieser Beschluss ist vom Vorsitzenden so zu begründen, dass die rechtliche Grundlage für die Ermessensentscheidung deutlich wird. Die Begründung darf sich nicht in formelhaften

V. Beweisaufnahme § 2

Ausführungen erschöpfen. In beiden Fällen sollte der Sitzungsvertreter dem Gericht bei dessen Entscheidungsfindung durch eine sachlich begründete Stellungnahme anhand der vorgenannten Kriterien Hilfe leisten.

Sind **mehrere Zeugen** geladen, stellt sich nach der Vernehmung eines Zeugen häufig die Frage, ob die Vernehmung der weiteren Zeugen noch nötig ist. Sie sollten insoweit mangels Kenntnis der Akten nicht die Initiative ergreifen, sondern nur reagieren, wenn das Gericht die Frage stellt, ob die weiteren Zeugen noch vernommen werden sollen oder ob auf die Vernehmung **verzichtet** werden kann. 101

Bevor Sie hierzu eine Stellungnahme abgeben, können Sie erforderlichenfalls zunächst das Gericht darauf hinweisen, dass Ihnen mangels Kenntnis der Sachakten die Zeugenaussagen nicht vorliegen, und fragen, zu welchen Punkten und Beweisthemen die Zeugen geladen sind, bzw. ob von den Zeugen ergiebige Aussagen zu erwarten sind. In der Regel wird der Richter dann mitteilen, ob es sich um Zeugen handelt, von denen keine entscheidenden Aussagen zu erwarten sind, zB, weil die Zeugen nur Randgeschehen beobachtet haben oder weil es sich um Zeugen handelt, die lediglich etwas vom Hörensagen erfahren haben und berichten können. Für die Entscheidung dieser Frage ist natürlich eine Würdigung der derzeitigen Beweislage erforderlich. Ist der Sachverhalt aufgrund des oder der bisher gehörten Zeugenaussagen nachgewiesen und sind von den weiteren Zeugen nur ähnliche oder weniger ergiebige Aussagen zu erwarten, weil sie zum Beispiel das Geschehen nur zu einem Ausschnitt oder von einer schlechteren Position aus beobachtet haben, so wird man auf die Zeugen verzichten können. Aber auch wenn der Angeklagte die Tat bestreitet, die Aussagen der gehörten Belastungszeugen für eine Verurteilung nicht ausreichen und es sich bei den noch offenen Zeugen um Entlastungszeugen handelt, wird man auf die Zeugen verzichten können, da in diesem Fall bereits mit einem Freispruch zu rechnen ist.

Entsprechend den obigen Ausführungen zu Vorhalten gegenüber dem Angeklagten sollte man allerdings in der Regel nicht auf die **Vernehmung des Opfers oder der Geschädigten** verzichten. Dies 102 gilt schon deshalb, weil aus der Vernehmung dieser Personen erst deutlich wird, welche Folgen die Tat für die Geschädigten hatten. Die Geschädigten haben ein schützenswertes Interesse daran, dass das Gericht dies auch von ihnen erfährt. Die Auswirkungen der Tat auf die Geschädigten, insbesondere auch bei Opfern von Gewaltdelikten, sind auch für die Frage der Strafzumessung von Bedeutung. Anders kann diese Frage nach der Anhörung des Geschädigten zu beurteilen sein, wenn dieser bereits im Vorfeld der Verhandlung mitgeteilt hat, dass ihn auch die Vernehmung erheblich belastet und es deshalb in seinem Interesse geboten erscheint, ihm eine Vernehmung und erneute Konfrontation mit der Tat und dem Angeklagten zu ersparen.

103 Im Zusammenhang mit der Entscheidung über die Frage, ob auf weitere, insbesondere geladene und anwesende Zeugen verzichtet werden kann, erfolgt gelegentlich auch eine **informatorische Befragung** des Zeugen. Grundsätzlich kennt die Strafprozessordnung keine informatorische Befragung von Zeugen, so dass eine formlose Vernehmung von Personen zum Sachverhalt unstatthaft ist. Es kommt aber immer wieder vor, dass Personen bei Verkehrsunfällen in der Ermittlungsakte als Zeugen aufgeführt sind, jedoch im Ermittlungsverfahren nicht förmlich als Zeuge gehört worden sind. Vor einer Entscheidung über den Verzicht oder die Vernehmung solcher Zeugen kann man diese formlos fragen, ob sie überhaupt etwas von dem Sachverhalt wissen. Eine solche informatorische Befragung im Freibeweisverfahren ist zulässig. Gibt der Zeuge an, von dem Sachverhalt nichts zu wissen, kann auf ihn ohne förmliche Vernehmung verzichtet werden. Eine informatorische Befragung ist zum Beispiel auch möglich, um von einem Zeugen etwas zum Aufenthalt eines anderen Zeugen zu erfahren. Auch darf man bei Zeugen, die offensichtlich miteinander bekannt sind, einen Zeugen nach seiner Kenntnis davon befragen, ob ein nicht erscheinender Zeuge die Ladung erhalten hat und warum er nicht erschienen ist.

2. Nebenkläger – Zeuge

104 Manchmal wird Ihnen ein Zeuge nicht nur in der Funktion als Zeuge begegnen, sondern gleichzeitig als **Nebenkläger**. Meist

V. Beweisaufnahme § 2

wird ein Nebenkläger auch durch einen Anwalt vertreten. Sie werden deshalb normalerweise noch unmittelbar bei Beginn der Hauptverhandlung mit dieser Situation konfrontiert, weil häufig in den Sitzungssälen dem Nebenklagevertreter direkt neben Ihnen ein Platz zugewiesen wird. Dass sich auch der Nebenkläger, also der Zeuge selbst, unmittelbar neben seinen Anwalt setzt, ist dagegen eher selten. Sie sollten sich allerdings in dieser Situation nicht zu einer zu großen Nähe zum Nebenklagevertreter verlocken lassen. Die Funktion des Nebenklagevertreters als Interessenvertreter seines Mandanten ist eine grundsätzlich andere Funktion als Ihre. Deshalb ist es angezeigt, dem Nebenklagevertreter sachlich, aber mit dem erforderlichen Abstand zu begegnen.

Das Recht zur Nebenklage steht **nach § 395 StPO** einem bestimmten Kreis von Personen zu, die durch die Tat in Ihren rechtlichen Interessen verletzt worden sein müssen. Sie werden **Nebenklageberechtigten** begegnen, die Opfer von Körperverletzungsdelikten geworden sind (§ 395 Abs. 1 Ziff. 3 StPO). 105

Der Nebenkläger muss sich dem Verfahren schriftlich (§ 396 StPO) anschließen, was in jeder Lage bis zum rechtskräftigen Abschluss des Verfahrens zulässig ist. Über diese Anschlusserklärung entscheidet das Gericht durch Beschluss. Aus dieser Anschlusserklärung ergibt sich eine Reihe von Rechten des Nebenklägers. Zunächst hat der Nebenkläger, der auch Zeuge ist, wie bereits erwähnt nach § 397 StPO ein Anwesenheitsrecht in der Hauptverhandlung. 106

In der Hauptverhandlung hat ein Nebenkläger weitgehende **Beteiligungsrechte**. Generell kommt dem Nebenkläger in der Hauptverhandlung das Recht zu, Anträge zu stellen, um auf eine sachgerechte Aufklärung im Rahmen des § 244 Abs. 2 StPO und einen sachgerechten Ablauf des Verfahrens hinzuwirken. Ausdrücklich hat der Nebenkläger nach § 397 Abs. 1 StPO unter anderem die Rechte, 107

- einen Richter abzulehnen,
- einen Sachverständigen abzulehnen,
- den Angeklagten, Sachverständige und Zeugen zu befragen,
- Erklärungen abzugeben,

- Beweisanträge zu stellen und
- insbesondere einen Schlussvortrag zu halten, und zwar nach dem Plädoyer der Staatsanwaltschaft und vor dem Plädoyer des Verteidigers bzw. Angeklagten, falls kein Verteidiger bestellt ist.

108 Auch kann dem Nebenkläger unter den Voraussetzungen des § 397a StPO ein Rechtsanwalt als **Beistand** bestellt werden. Dies können nach dem Katalog des § 397a Abs. 1 bestimmte Verbrechen wie zum Beispiel Raub oder räuberische Erpressung o.ä. sein. Nach der Vorschrift des § 397a Abs. 2 StPO kommt auch die Gewährung von Prozesskostenhilfe nach den für bürgerliche Rechtsstreitigkeiten geltenden Vorschriften für die Hinzuziehung eines Rechtsanwaltes für den Nebenkläger generell auch dann in Betracht, wenn der Verletzte seine Interessen nicht selbst ausreichend wahrnehmen kann oder ihm dies nicht zuzumuten ist.

3. Augenschein

109 Die Einnahme des Augenscheins erfolgt durch eine sinnliche Wahrnehmung eines Objektes oder Vorganges und ist danach all das, was im Rahmen der Beweisaufnahme nicht als Zeugen-, Sachverständigen- oder Urkundsbeweis zu qualifizieren ist. Häufig findet der gerichtliche Augenschein unmittelbar vorn am Richtertisch statt. Es handelt sich insoweit aber gleichwohl um eine wesentliche Förmlichkeit, die von dem Richter in das Hauptverhandlungsprotokoll aufzunehmen ist. In den Fällen der Einnahme des Augenscheins am Richtertisch begeben sich alle Beteiligten, also Sie, der Verteidiger, der Angeklagte und eventuell auch ein Zeuge nach vorne an den Richtertisch, um dort zum Beispiel Lichtbilder in der Akte einzusehen.

110 Augenschein kommt in Betracht,
- bei beweiserheblichen Gegenständen, wie z.B. Tatwerkzeugen,
- bei der erwähnten Augenscheinnahme von Lichtbildern in den Akten,
- bei Besichtigung von Skizzen vom Tatort oder vom Unfallort,
- aber auch bei der Einsichtnahme von Urkunden, wenn es nicht auf den gedanklichen Inhalt ankommt, der im Wege des

V. Beweisaufnahme · § 2

Urkundsbeweises in die Hauptverhandlung eingeführt wird, sondern auf das Aussehen einer Urkunde, zum Beispiel auf das Schriftbild einer Unterschrift oder auf die Position einer Unterschrift auf dieser Urkunde.
- Schließlich kann auch die Betrachtung eines Videofilms oder das Abspielen eines Tonbandes im Wege der Augenscheinnahme erfolgen.

4. Sachverständige

Die Vorschrift des § 73 StPO, die den **Sachverständigenbeweis** betrifft, regelt nur die Auswahl des Sachverständigen. Sie sagt deshalb nichts dazu, in welchen Fällen ein Sachverständigenbeweis zu erheben ist, sondern setzt die Notwendigkeit des Sachverständigenbeweises voraus. Diese ergibt sich aus der Amtsaufklärungspflicht des Gerichtes oder aus dem Beweisantragsrecht. Außerdem gibt es mehrere Vorschriften, wie zB § 80a StPO und § 246a StPO, die die Zuziehung eines Sachverständigen anordnen, und zwar zur Feststellung der Voraussetzungen der Unterbringung eines Beschuldigten in einem psychiatrischen Krankenhaus. In der forensischen Praxis sind dies die bedeutsamsten Fälle des Sachverständigenbeweises, nämlich die psychiatrische oder psychologische Begutachtung eines Angeklagten zur Frage der Schuldfähigkeit und dessen Gefährlichkeit. Diese Fälle werden vor dem Einzelrichter allerdings nicht vorkommen. 111

Grundsätzlich ist ein Sachverständiger heranzuziehen, wenn es dem Gericht auf einem bestimmten Wissensgebiet an **Sachkunde** fehlt, die ihm durch den Sachverständigen vermittelt wird. Der Sachverständige unterbreitet dem Gericht Tatsachenstoff, den nur ein Sachverständiger aufgrund seiner Sachkunde gewinnen kann und ermöglicht dem Gericht diesen Tatsachenstoff sachgerecht zu würdigen. Gegenstand des Sachverständigenbeweises können aber nicht nur wissenschaftliche Fakten und Erkenntnisse sein. Auch die Vermittlung bestimmter kaufmännischer oder branchenspezifischer Gepflogenheiten, technischer oder handwerklicher Kenntnisse kann Gegenstand des Sachverständigenbeweises sein. 112

§ 2 Die Hauptverhandlung/Beweisaufnahme

113 In Ihrer Praxis werden Sie Sachverständige möglicherweise zu folgenden Fragen hören:
- Fragen der Berechnung von Alkoholisierung oder Auswirkung von Drogenkonsum,
- Begutachtung zur Schuldfähigkeit,
- Bewertung kriminaltechnischer Untersuchungen wie Finger-, Faser-, DNA-Spuren,
- Bewertung von Unfallabläufen,
- Bewertung der Kompatibilität von Fahrzeugschäden,
- Bewertung der Wahrnehmbarkeit von Unfällen,
- schließlich kommt auch die Einholung von Sachverständigengutachten zu den einem Internetzugriff oder Dateidownload zugrunde liegenden technischen Abläufen in Betracht.

114 Auch die Einholung von **Glaubwürdigkeitsgutachten** zur Frage der Glaubwürdigkeit von Zeugen kann gelegentlich Gegenstand eines Sachverständigengutachtens sein. Gegenstand dieser Glaubwürdigkeitsuntersuchung ist die Analyse des Aussageinhaltes. Nach der Rechtsprechung ist zwar davon auszugehen, dass Berufsrichter grundsätzlich über eine ausreichende Sachkunde zur Beurteilung der Glaubwürdigkeit von Zeugen verfügen, und zwar auch in Fällen schwieriger Beweislagen.

115 Etwas anderes kann aber dann gelten, wenn konkrete Anhaltspunkte dafür vorliegen, dass aus besonderen in der Person des Zeugen liegenden Umständen die **Erinnerungsfähigkeit** des Zeugen eingeschränkt ist oder aufgrund von psycho-diagnostisch erfassbaren Kriterien Zweifel an der Zuverlässigkeit der Aussage bestehen können, zum Beispiel wenn Anhaltspunkte für das Vorliegen geistiger Erkrankungen des Zeugen bestehen.

116 Aufgabe des Sachverständigen ist es, teilweise bloße Verrichtungen vorzunehmen oder Tatsachen wie die Analyse von Faserspuren oder einer Blutalkoholkonzentration festzustellen, ohne dass er sich sachverständig zu den hieraus zu ziehenden Schlüssen äußern muss. Der häufigste Fall der Einholung eines Sachverständigenbeweises ist jedoch der, dass der Sachverständige aufgrund seines Fach- und Erfahrungswissens nicht nur mit der Gewinnung

V. Beweisaufnahme

des Tatsachenstoffes, sondern auch mit dessen Beurteilung beauftragt wird.

In diesen Fällen unterscheidet man zwischen **Anknüpfungs-, Befund- und Zusatztatsachen**.

Anknüpfungstatsachen sind die Tatsachen, die der Sachverständige seinem Gutachten zugrunde legt. Das können Tatsachen sein, die das Gericht dem Sachverständigen mitgeteilt hat oder die der Sachverständige selbst aufgrund seiner besonderen Sachkunde festgestellt hat.

Im Hinblick auf die Beweisanforderungen wird insoweit unterschieden: **Befundtatsachen** sind die Tatsachen, die der Sachverständige nur aufgrund seiner besonderen Sachkunde feststellen konnte, deren Feststellung dem Gericht ohne den Sachverständigen nicht möglich gewesen wäre. Sie werden durch die Vernehmung (oder Verlesung) des Gutachters (oder des Gutachtens) in das Verfahren eingeführt und dürfen deshalb zulasten des Angeklagten verwertet werden.

Zusatztatsachen sind die Tatsachen, die der Sachverständige bei Gelegenheit seiner Begutachtung festgestellt hat, ohne dass hierzu seine besondere Sachkunde erforderlich war. Diese Tatsachen hätte also das Gericht auch ohne den Sachverständigen feststellen können. Hier kommen Schilderungen des Angeklagten oder von Zeugen anlässlich der Begutachtung in Betracht. Auch Wahrnehmungen von Orten oder Sachen wie genaue Art der Beschädigungen an einem Fahrzeug oder die Lage und Länge von Bremsspuren kommen hier in Betracht. Über diese Zusatztatsachen ist in der vom Strafprozess vorgesehen Form Beweis zu erheben. Dies geschieht dadurch, dass der Sachverständige hierzu **als Zeuge gehört** werden muss.

Zu berücksichtigen ist aber immer, dass der Sachverständige nur „**Gehilfe**" des Gerichtes ist. Deshalb darf das Gericht sich zwar des Sachverständigen zur Vermittlung dessen Fachkunde bedienen. Gleichwohl muss das Gericht über alle Fragen, insbesondere auch die Fachfragen selbst entscheiden und dies im Urteil erkennen lassen. Dies gilt auch für Sie. Auch Sie müssen im Rahmen der Beweiswürdigung das Sachverständigengutachten **würdigen** und sich entscheiden, ob Sie diesem folgen können oder Anlass haben, von dem Ergebnis des Sachverständigen abzuweichen.

121 Die Anhörung eines Sachverständigen sollte jedoch in der Regel keine besondere Schwierigkeit bereiten. Ein Warnzeichen ist es, wenn das Gutachten für einen Laien wenig verständlich oder nicht nachvollziehbar ist. Dies sollten Sie nicht ohne Weiteres der eigenen Unerfahrenheit zuschreiben. Es ist ein wesentliches Merkmal kompetenter Gutachter, dass diese in der Lage sind, ihr Gutachten allgemein verständlich zu erstatten. Haben Sie also etwas nicht verstanden, dürfen Sie im Hinblick auf Ihre Aufgabe, eine eigene Entscheidung über die Beweislage treffen zu müssen, keine Scheu haben nachzufragen.

5. Verlesung von Urkunden/Protokollen

122 § 256 StPO erlaubt die Verlesung von **behördlichen Zeugnissen, Gutachten und weiteren in der Vorschrift bezeichneten Schriftstücken.** Recht umfassend können danach Zeugnisse/Gutachten öffentlicher Behörden, von allgemein vereidigten Sachverständigen sowie von Ärzten verlesen werden. Praxisrelevant sind vor allem die Verlesung ärztlicher Atteste über Körperverletzungen nach § 256 Abs. 1 Nr. 2 StPO und die Verlesung von Gutachten der Rechtsmedizin zur Bestimmung des Blutalkoholgehalts nach § 256 Abs. 1 Nr. 4 StPO. Weiter dürfen nach § 256 Abs. 1 Ziff. 5 StPO auch Protokolle sowie in einer Urkunde enthaltene Erklärungen der Strafverfolgungsbehörden über Ermittlungshandlungen verlesen werden, soweit diese nicht eine Vernehmung zum Gegenstand haben. Hierbei handelt es sich insbesondere um Protokolle und Vermerke von Polizeibehörden über Routinevorgänge wie Beschlagnahmen, Spurensicherung, Durchführung einer Festnahme, Sicherstellungen und Hausdurchsuchungen. Es ist häufig so, dass Polizeibeamte zu solchen Vorgängen in der Hauptverhandlung häufig ohnehin kaum mehr bekunden können als das, was in dem Protokoll bereits schriftlich festgelegt ist. Andererseits kann gerade die Befragung von Polizeibeamten zu vermeintlichen Routinevorgängen gelegentlich zu Überraschungen führen. Manchmal kommen nämlich Umstände, die für das Verfahren von Bedeutung sind, zum Zeitpunkt der Protokollerstellung von

V. Beweisaufnahme §2

den Polizeibeamten noch nicht als erheblich beachtet worden sind oder unbekannt waren und deshalb im Protokoll keinen Niederschlag finden, zur Sprache.

Nach § 256 Abs. 1 Ziff. 5 StPO nicht verlesen werden dürfen **Vernehmungsprotokolle**, soweit eine Verlesung der Protokolle nicht nach anderen Vorschriften möglich ist. Die Nichtverlesbarkeit bezieht sich auch auf sonstige Vermerke oder Schlussberichte, soweit darin der Inhalt einer Vernehmung wieder gegeben wird. 123

Hauptanwendungsfall der Verlesung von Protokollen ist die Verlesung von Protokollen nach § 251 StPO. Dieser erlaubt insbesondere auch eine Verlesung von **Vernehmungsprotokollen** im **allseitigen Einverständnis** (§ 251 Abs. 1 StPO). Er erlaubt die Verlesung auch, soweit die Niederschrift das Vorliegen oder die Höhe eines Vermögensschadens betrifft. Schließlich erlaubt er die Verlesung, wenn dem Erscheinen der bekundenden Personen ein Hindernis entgegensteht. 124

Auch hier sollte vor Erteilung des Einverständnisses immer bedacht werden, dass häufig gerade die unmittelbare Vernehmung der Zeugen objektive Unrichtigkeiten der Protokolle aufdecken kann. Auch kann nur die unmittelbare Vernehmung der Personen einen durch nichts zu ersetzenden persönlichen Eindruck vermitteln.

6. Amtsaufklärungspflicht und Beweisanträge

Beabsichtigt das Gericht die **Beweisaufnahme zu schließen**, hält der Sitzungsvertreter jedoch eine weitere Beweiserhebung für erforderlich, so wird es normalerweise ausreichen, dies dem Gericht begründet mitzuteilen. Die förmliche Stellung eines Beweisantrages durch den Staatsanwalt ist in der Praxis eine Ausnahme und dürfte für Sie so gut wie nie erforderlich werden. In der Regel wird die Amtsaufklärungspflicht das Gericht zur Erhebung der von Ihnen für erforderlich erachteten Beweiserhebungen veranlassen. 125

Kenntnisse des **Beweisantragsrechts** sind natürlich gleichwohl erforderlich, zB wenn Anträge durch Verteidiger gestellt werden. 126

§ 2 Die Hauptverhandlung/Beweisaufnahme

In diesem Fall widerspricht es der Stellung und der Aufgabe eines Staatsanwaltes, aus Verlegenheit auf eine sachliche Stellungnahme zu verzichten, also etwa zu erklären „ich gebe keine Stellungnahme ab" oder „Ich stelle anheim". Vielmehr ist es in diesen Situationen eine wichtige Aufgabe des Sitzungsvertreters, dem Gericht durch eine fundierte Stellungnahme bei der Entscheidungsfindung Hilfe zu leisten. Denn wenn es sich um einen eindeutigen Fall handeln würde, wäre auch ein Beweisantrag eines Verteidigers nicht erforderlich, da bereits die Amtsaufklärungspflicht eine Erhebung des Beweises gebieten würde. Hat deshalb ein Verteidiger Anlass gesehen, einen förmlichen Beweisantrag zu stellen, dürfte es sich in der Regel um eine Frage handeln, die Nachdenken erfordert. Da zudem das Beweisantragsrecht bzw. die rechtlichen Voraussetzungen zur Ablehnung eines Beweises zum einen schwierig und zum anderen einer Quelle von Verfahrensfehlern sind, kann es sich empfehlen, das Gericht um eine kurze Unterbrechung zu bitten und die Kommentarliteratur zu überprüfen.

Hier soll deshalb nur eine kurze Übersicht gegeben werden, die die möglicherweise in Ihrer Praxis vorkommenden Fälle abdecken soll.

127 Die **Amtsaufklärungspflicht** verpflichtet den Richter als zentrales Anliegen des Strafprozesses zur Ermittlung des „wahren" Sachverhaltes. Sie gebietet, dass die Beweisaufnahme auf alle Tatsachen und auf alle tauglichen und erlaubten Beweismittel erstreckt wird, die für die Entscheidung von Bedeutung sind, sowohl hinsichtlich Belastung als auch hinsichtlich Entlastung des Angeklagten. Hierbei muss der Richter sich nach Möglichkeit auch des bestmöglichen Beweises bedienen. Das bedeutet nicht, dass alle Einzelheiten der Vorgeschichte, unwesentlicher Randgeschehnisse oder auch zur Lebensgeschichte von Zeugen zwecks Prüfung deren Glaubwürdigkeit zu untersuchen sind. Zu ermitteln sind die Umstände der zu beurteilenden Tat und der Tatbestandsverwirklichung sowie die Umstände, die zur Beurteilung des Unrechtsgehaltes und der Schuldzumessung von Bedeutung sind. Bei der Entscheidung dieser Fragen ist es dem Gericht erlaubt, die Wichtigkeit und Bedeutung von Beweismitteln mit dem Interesse an

V. Beweisaufnahme

einer ordnungsgemäßen Abwicklung des Hauptverfahrens abzuwägen. Die Amtsaufklärungspflicht reicht deshalb nur so weit, wie dem Gericht bekannt gewordene Tatsachen zum Gebrauch von Beweismitteln drängen und ihn nahe legen. Die Aufklärungspflicht erlaubt also in gewissem Umfang eine Beweisantizipation und reicht nicht so weit wie die Pflicht, Beweise auf Antrag zu erheben.

Das **Beweisantragsrecht** beruht auf einem Regel-Ausnahme-Prinzip. Grundsätzlich ist auf einen Beweisantrag der Beweis zu erheben. Nur wenn einer der in §§ 244, 245 StPO aufgeführten Ablehnungsgründe vorliegt, ist die Nichterhebung des beantragten Beweises zulässig. 128

Voraussetzung ist, dass es sich bei dem gestellten Antrag tatsächlich um einen **Beweisantrag** und nicht nur um einen **Beweisermittlungsantrag** handelt. 129

Mit dem Gesetz zur Modernisierung des Strafverfahrens aus 2019 sind die Kriterien, die von der Rechtsprechung für das Vorliegen eines Beweisantrages entwickelt worden, in **§ 244 Abs. 3 StPO** kodifiziert worden. Ein **Beweisantrag** setzt zunächst voraus, dass der Antragsteller deutlich macht, dass er die Beweiserhebung **verlangt** und nicht in das gerichtliche Ermessen stellt. Der Antrag muss eine bestimmte konkrete **Beweistatsache** behaupten (Beweisbehauptung). Für die zu beweisende Tatsache muss ein bestimmtes **Beweismittel** angegeben werden. Schließlich muss der Beweisantrag auch erkennen lassen, weshalb das bezeichnete Beweismittel die behauptete Tatsache belegen können soll (sog. von der Rechtsprechung bereits zuvor verlangte Konnexität). 130

Fehlt eines dieser Merkmale handelt es sich nur um einen **Beweisermittlungsantrag**. Dieser zielt darauf ab, Informationen zur Stellung eines Beweisantrages zu erhalten. Oder er soll das Gericht veranlassen, im Rahmen der geschilderten Aufklärungspflicht tätig zu werden. Der Beweisermittlungsantrag kann deshalb auch ohne Vorliegen der Gründe der §§ 244, 245 StPO abgelehnt werden. 131

Zu den Voraussetzungen eines Beweisantrages im Einzelnen:

132 Die **Beweisbehauptung** muss auf eine **Tatsache** zielen. Anträgen, die keine Tatsachen, sondern nur **Wertungen** zum Gegenstand haben, fehlt es an einer Beweisbehauptung. Auf solche Wertungen zielen Anträge ab, mit denen als „Beweisbehauptung" bewiesen werden soll, der Angeklagte oder ein Zeuge sei glaubwürdig, süchtig oder verhaltensgestört. In gleicher Weise zu beurteilen sind Anträge, eine Tat sei persönlichkeitsfremd, der Angeklagte sei nicht in der Lage, planmäßig oder zielgerichtet zu handeln. Auch einem Antrag mit der Behauptung, die Schuldfähigkeit sei eingeschränkt, entbehrt eine Beweisbehauptung. Es handelt sich hierbei nicht um eine Tatsache, sondern um eine vom Gericht zu entscheidende Rechtsfrage. In all solchen Fällen liegen deshalb lediglich Beweisermittlungsanträge vor.

133 Eine für einen Beweisantrag erforderliche Beweisbehauptung ist auch dann zu verneinen, wenn lediglich „**Negativtatsachen**" behauptet werden. Nach der Rechtsprechung des Bundesgerichtshofes (BGHSt 39, 251) ist eine Beweistatsache nämlich nicht hinreichend bestimmt, wenn lediglich behauptet wird, ein bestimmtes Ereignis habe nicht stattgefunden. Hierunter fällt die Behauptung, der Angeklagte habe sich nicht am Tatort befunden. Beweisbehauptung eines förmlichen Beweisantrages kann nur die Behauptung sein, wann der Angeklagte sich an welchem Ort aufgehalten hat. Dass er danach nicht am Tatort gewesen sein kann, ist erst ein Schluss, der aus dem Beweis zu ziehen ist. Denn die behauptete Beweistatsache ist immer vom eigentlichen Ziel des Beweises zu trennen. Wird das Ziel, nämlich die angestrebte Schlussfolgerung im Beweisantrag als Beweisbehauptung genannt, handelt es sich nicht um einen Beweisantrag, sondern ebenfalls nur um einen Beweisermittlungsantrag.

134 Bei der Beweisbehauptung des Beweisantrages ist nicht erforderlich, dass der Antragsteller die **Wahrheit** der Beweistatsache versichert, er kann Beweiserhebung auch über Tatsachen verlangen, die er nur vermutet oder für möglich hält. Liegen allerdings offensichtlich keinerlei Anhaltspunkte für eine solche Vermutung vor oder wird die Behauptung offensichtlich aufs Geratewohl

V. Beweisaufnahme § 2

gestellt, liegt kein Beweisantrag, sondern ein Beweisermittlungsantrag vor.

Grundsätzlich bedarf ein Beweisantrag keiner besonderen Begründung. Allerdings war nach der Rechtsprechung des BGH (BGH NStZ 1998, 97), die zwischenzeitlich in den Gesetzestext Eingang gefunden hat, eine **Konnexität** zwischen Beweismittel und Beweistatsache erforderlich, weil ohne Konnexität eine Prüfung verschiedener Ablehnungsgründe des Gesetzes nicht möglich ist. Dies bedeutet, dass zwischen dem Beweismittel und der Beweistatsache ein derartiger Zusammenhang herstellbar sein muss, der erkennen lässt, **warum** das Beweismittel zu der Tatsache nicht völlig ungeeignet oder bedeutungslos sein soll. Lässt ein Antrag auf Vernehmung eines Zeugen also in keiner Weise erkennen, **warum** dieser Zeuge zu dem Beweisthema irgendetwas sagen kann, fehlt es an der Konnexität und damit an einem förmlichen Beweisantrag. 135

Das **Beweismittel** muss weiter nach der **Art**, also Zeuge, Sachverständiger, Augenschein oder Urkunde, bezeichnet werden, ebenso wie die gesetzlich vorgesehene Beweiserhebungsform, also Vernehmung, Verlesung oder Inaugenscheinnahme. 136

Darüber hinaus muss das Beweismittel selbst ausreichend konkretisiert werden. 137

Bei **Zeugen** erfordert dies grundsätzlich die Angabe des vollständigen Namens nebst Anschrift. Nur wenn der Antragsteller hierzu nicht in der Lage ist, ist eine genaue Beschreibung des Weges ausreichend, über den der Zeuge zuverlässig ermittelt werden kann. Die bloße Nennung des Namens und des Wohnortes reicht für eine solche ausreichende Ermittlung nicht aus.

Bei der Beantragung eines **Sachverständigenbeweises** ist es nicht erforderlich, einen Sachverständigen namentlich zu bezeichnen. Ausreichend ist die Bezeichnung des Fachgebietes. Die Bestimmung des konkreten Sachverständigen obliegt nämlich dem Richter. 138

An der **Bestimmtheit** des Beweismittels fehlt es bei einem Antrag auf **Beiziehung** von Akten, Krankenunterlagen oder sonstigen schriftlichen Unterlagen einigen Umfangs. Denn die Akten selbst 139 sind keine Beweisstücke, sondern nur eine Sammlung von Urkunden. Beweismittel hingegen ist nur das einzelne in den Akten enthaltene Schriftstück. Dieses Schriftstück muss deshalb im Antrag im Einzelnen bezeichnet werden nebst der Angabe, welche Tatsache die Urkunde ergeben soll (zu vgl. BGH NStZ 1997, 562).

140 Von dem Beweisantrag zu unterscheiden ist schließlich der **Hilfsbeweisantrag**. Ein Hilfsbeweisantrag liegt vor, wenn der Antrag an eine Bedingung geknüpft wird, in der Regel daran, dass der Schuldspruch oder der Rechtsfolgenausspruch in bestimmter Weise ausfällt. Deshalb muss der Hilfsbeweisantrag nur geprüft und beschieden werden, wenn diese Bedingung eintritt. Daraus folgt logischerweise, dass ein Hilfsbeweisantrag erst in den Urteilsgründen abgelehnt werden kann. Ausnahmefall: die Ablehnung wird mit der Absicht der Prozessverschleppung begründet.

141 Gleich, ob ein förmlicher Beweisantrag vorliegt oder es sich nur um einen Beweisermittlungsantrag handelt, sollte der Sitzungsvertreter an dieser entscheidenden Stelle seine Aufgabe sehr ernst nehmen. Der Staatsanwalt ist nicht „Gegenpartei" des Verteidigers oder des Angeklagten, sondern objektiv zur Aufklärung des Sachverhaltes und zur Erforschung der Wahrheit verpflichtet. Aus diesem Grunde sollte angeregten oder beantragten Beweiserhebungen nicht ohne sorgfältige Prüfung entgegengetreten werden. Im Zweifel ist es auch oft ratsamer, einem Beweisantrag nachzugehen als das Risiko einzugehen, einen revisionsrechtlich angreifbaren Fehler zu produzieren.

142 Hinsichtlich der **Ablehnungsgründe** unterscheidet das Gesetz zwischen präsenten und nicht präsenten Beweismitteln. Die Ablehnung eines **präsenten** Beweismittels nach § 245 StPO wird sich selten empfehlen. Sie kommt dann in Betracht, wenn das Beweismittel unzulässig ist oder wenn die Tatsache, die bewiesen werden soll, bereits bewiesen oder offenkundig ist oder zwischen ihr und dem Urteilsgegenstand kein Zusammenhang besteht, wenn das Beweismittel ungeeignet ist. Schließlich kommt die Ablehnung dann in Betracht, wenn der Antrag zum Zwecke der Prozessverschleppung gestellt ist.

V. Beweisaufnahme § 2

Die Ablehnungsgründe bezüglich **nicht präsenter Beweismittel** sind in § 244 Abs. 3–5 StPO aufgeführt. 143

Praxisrelevant wird hier allenfalls sein, dass ein Beweismittel ohne Bedeutung, ungeeignet oder unerreichbar ist.

Hinsichtlich der **Bedeutungslosigkeit** ist zwischen Bedeutungslosigkeit aus rechtlichen und aus tatsächlichen Gründen zu unterscheiden. 144

Aus **rechtlichen** Gründen ist eine Tatsache ohne Bedeutung, wenn sie weder für die Schuldfeststellung noch für die Strafzumessung relevant ist. Wenn zum Bespiel feststeht, dass eine gestohlene Sache für den Angeklagten fremd ist, kommt es nicht darauf an, ob sie dem Geschädigten 1 oder dem Geschädigten 2 gehört. 145

Tatsächlich ist eine Frage ohne Bedeutung, wenn zwischen ihr und dem Gegenstand der Urteilsfindung keinerlei Zusammenhang besteht oder wenn sie trotz eines Zusammenhanges selbst im Falle des gelungenen Beweises die Entscheidung nicht beeinflussen könnte, weil sie nur mögliche, aber nicht zwingende Schlüsse zulässt und das Gericht diese Schlüsse nicht ziehen will. 146

Völlig ungeeignet ist ein Beweismittel, wenn das in dem Beweisantrag in Aussicht gestellte Ergebnis sich nach sicherer Lebenserfahrung auf keinen Fall erwarten lässt. Das ist zB ein Zeuge, dem ein Zeugnisverweigerungsrecht zusteht und der hiervon Gebrauch gemacht hat. Ungeeignet ist auch ein Gegenstand als Augenscheinsobjekt, der sich so geändert hat, dass sein Zustand zur Tatzeit sich auf diese Weise nicht klären lässt. Ungeeignet ist auch eine Urkunde, wenn sich aus der Urkunde keinerlei Rückschlüsse über außerhalb der Urkunde liegende Umstände wie Herstellungsdatum oder Absendung und Zugang ziehen lassen. 147

Unerreichbar ist schließlich ein Beweismittel, wenn Bemühungen des Gerichtes das Beweismittel beizubringen erfolglos waren und auch in absehbarer Zeit damit nicht zu rechnen ist. 148

Bei **Sachverständigen** besteht die weitere Besonderheit, dass der Antrag auf Vernehmung eines Sachverständigen auch mit der Begründung abgelehnt werden kann, dass das Gericht selbst die er- 149 forderliche Sachkunde besitzt oder das Gegenteil der behaupteten Tatsache bereits durch ein früheres Gutachten erwiesen ist.

150 Denn immer wieder kommt es vor, dass der Angeklagte mit einem ihm nachteiligen Gutachten nicht einverstanden ist und nun beantragt, einen weiteren bzw. einen „**Obergutachter**" zu bestellen, der ein zusätzliches Gutachten erstatten soll. Die Einholung kann jedoch aus den vorgenannten Gründen abgelehnt werden. Der Antragstellung ist nur nachzukommen, wenn berechtigte Zweifel an der Sachkunde des ersten Gutachters bestehen. Diese können darauf beruhen, dass der Gutachter von unrichtigen tatsächlichen Voraussetzungen ausgegangen ist oder sich in Widersprüche verwickelt hat. Es reicht aber nicht aus, dass das mündliche Gutachten von dem vorläufigen schriftlichen Gutachten abweicht, sondern es muss hinsichtlich des entscheidenden Punktes ein nicht erklärbarer Widerspruch zwischen mündlichem und schriftlichem Gutachten bestehen oder ein Widerspruch innerhalb des mündlichen Gutachtens weitere Aufklärung erfordern. Schließlich kann die Einholung eines weiteren Gutachtens auch dann geboten sein, wenn ein anderer Sachverständiger über überlegene Forschungsmittel verfügt. Hiermit sind jedoch die wissenschaftlichen Hilfsmittel der Untersuchung gemeint, nicht aber größere Berufserfahrung oder höhere Reputation.

VI. Erteilung eines rechtlichen Hinweises gemäß § 265 StPO

151 Hat sich in der Hauptverhandlung die **Änderung rechtlicher, tatsächlicher und auch verfahrensrechtlicher Gesichtspunkte** ergeben, so muss das Gericht hierauf gemäß § 265 StPO hinweisen. Dieser Hinweis sollte möglichst frühzeitig, spätestens aber vor Schluss der Beweisaufnahme erfolgen, damit die Beteiligten sich in ihren Plädoyers hierauf vorbereiten können. Sieht im Gegensatz zu Ihnen das Gericht von sich aus keinen Anlass zur Erteilung eines Hinweises, so sollten Sie vor Ihrem Plädoyer das Gericht um Erteilung eines rechtlichen Hinweises bitten. Das Gericht wird in der Regel den von Ihnen angeregten Hinweis rein vorsorglich erteilen und sich so die Entscheidung im Urteil offen halten.

VI. Erteilung eines rechtlichen Hinweises gemäß § 265 StPO § 2

Die Vorschrift des § 265 StPO dient dem **Schutz des Angeklagten** und soll diesen im Rahmen eines fairen Verfahrens vor Überraschungen schützen, auf die er sich in seiner Verteidigung nicht einstellen kann. Der Angeklagte darf darauf vertrauen, dass seiner Verurteilung nur solche Strafbestimmungen zugrunde gelegt werden, die in der Anklageschrift aufgeführt sind oder auf die er durch den rechtlichen Hinweis hingewiesen worden ist. Grundlage für die Erforderlichkeit eines rechtlichen Hinweises ist damit immer die Anklageschrift. Der rechtliche Hinweis ist aber nur bei einer Verurteilung erforderlich, im Falle eines Freispruches oder bei Einstellung des Verfahrens entfällt die Verpflichtung des Gerichtes, einen rechtlichen Hinweis zu erteilen. 152

Nach § 265 Abs. 1 StPO ist ein rechtlicher Hinweis erforderlich, wenn die Verurteilung **wegen eines anderen Strafgesetzes** als in der Anklageschrift oder in dem bereits einen rechtlichen Hinweis erhaltenden Eröffnungsbeschlusses erfolgen soll. Ohne Bedeutung ist, ob das andere Strafgesetz schwerer oder leichter ist. 153

Ein rechtlicher Hinweis ist danach zu erteilen
- wenn statt § 316 StGB eine Verurteilung wegen § 323a StGB erfolgen soll,
- bei Vollendung statt Versuch,
- aber auch Versuch statt Vollendung,
- Vorsatz statt Fahrlässigkeit,
- Tatmehrheit statt Tateinheit,
- Täterschaft statt Teilnahme,
- Unterlassen statt Tun,
- eine andere Begehungsform, zB bei § 142 StGB oder § 224 StGB.

Nach § 265 Abs. 2 StPO ist ein rechtlicher Hinweis ebenfalls erforderlich, wenn sich in der Hauptverhandlung vom Gesetz besonders vorgesehene Umstände ergeben, die die **Strafbarkeit erhöhen**. 154

Das ist der Fall, wenn sich erst in der Hauptverhandlung ergibt, dass ein Regelbeispiel für besonders schwere Fälle erfüllt ist, zB, wenn statt des einfachen Diebstahls von einem Diebstahl in besonders schwerem Fall nach § 243 StGB auszugehen ist.

Nach neuerer Rechtsprechung des BGH (vgl. BGH NStZ 2018,159) kann sogar der Umstand, dass eine Verurteilung des bestreitenden Angeklagten wegen eines milderen Tatvorwurfes als in der Anklageschrift angegeben in Betracht kommt, einen rechtlichen Hinweis nach § 265 Abs. 1 StPO vorsorglich angezeigt erscheinen lassen. Denn in solchen Fällen könne nicht ohne Weiteres ausgeschlossen werden, dass der Angeklagte bei einem rechtlichen Hinweis ein umfassendes Geständnis bezüglich des verbleibenden, milderen Tatvorwurfs abgegeben und das Gericht deshalb auf eine mildere Strafe erkannt hätte (im entschiedenen Fall § 29a Abs. 1 Nr. 2 BtMG statt § 30a Abs. 2 Nr. 2 BtMG).

155 Allerdings ist zu beachten, dass unter bestimmten Umständen die Erteilung eines rechtlichen Hinweises dazu führen kann, dass auf Antrag des Angeklagten die Hauptverhandlung gemäß § 265 Abs. 3 StPO auszusetzen ist. Dies gilt, wenn sich die Sach- und die Rechtslage geändert hat **und** der Angeklagte die neu eingetretenen Umstände bestreitet. Außerdem muss der Angeklagte auch vortragen, auf die Verteidigung nicht genügend vorbereitet zu sein. Wenn entweder nur die rechtliche Beurteilung oder nur die Sachlage eine Änderung erfahren hat, kann der Angeklagte eine Aussetzung nicht verlangen. In diesen Fällen kann allerdings eine Unterbrechung der Verhandlung geboten sein.

VII. Nachtragsanklage gemäß § 266 StPO

156 Während der rechtliche Hinweis bei Änderungen hinsichtlich der angeklagten Tat erforderlich ist, kommt eine Nachtragsanklage gemäß § 266 StPO in Betracht, wenn sich in der Hauptverhandlung Hinweise auf **eine weitere Tat im prozessualen Sinne des** § 264 StPO ergeben. Damit ist zuerst die nicht immer ganz einfache Frage zu beantworten, ob es sich bei dem neuen Sachverhalt um eine neue Tat im prozessualen Sinne handelt, oder ob es sich um die Tat handelt, die bereits Gegenstand der Anklageerhebung ist.

157 Nach § 264 Abs. 1 StPO ist Gegenstand der Urteilsfindung die in der Anklage bezeichnete Tat, wie sie sich nach dem Ergebnis der Beweisaufnahme darstellt.

VII. Nachtragsanklage gemäß § 266 StPO

Der Begriff der **prozessualen Tat** hat im Wesentlichen drei Funktionen:

1. Die **Umgrenzungsfunktion**: die in der Anklage bezeichnete prozessuale Tat umgrenzt das Prüfungs- und Entscheidungsrecht des Gerichtes. Das Gericht darf in seinem Urteil nur über diese prozessuale Tat entscheiden.

2. Die **Kognitionspflicht**: das Gericht ist zur umfassenden Prüfung dieser angeklagten Tat unter allen in Betracht kommenden rechtlichen Gesichtspunkten verpflichtet.

3. Den **Strafklageverbrauch**: die prozessuale Tat bestimmt im Falle der Entscheidung den Umfang der Rechtskraft und damit den Strafklageverbrauch, da nach Art. 103 Abs. 3 GG niemand zweimal wegen derselben Tat im prozessualen Sinne verurteilt werden darf.

Aus diesen Gesichtspunkten lässt sich auch der Unterschied zu dem Begriff der **materiellrechtlichen Tat** im Sinne der §§ 52, 53 StGB herleiten. Die §§ 52, 53 StGB dienen der Bestimmung des Strafrahmens bzw. der Festlegung der Gesamtstrafe, während die prozessuale Tat den Gegenstand des Urteils beschreibt. Nach der Rechtsprechung liegt eine einheitliche **Tat im prozessualen Sinn vor, wenn ein einheitlicher Lebenssachverhalt vorliegt, der einen so engen sachlichen, räumlichen und zeitlichen Zusammenhang aufweist, dass eine getrennte Würdigung der Geschehnisse sich als unnatürliche Aufspaltung des Lebenssachverhaltes darstellen würde.** Die wichtigsten Kriterien für diese Entscheidung sind der in der Anklage zugrunde gelegte Tatort, die Tatzeit, das Tatobjekt und die Angriffsrichtung.

Bei der Prüfung, ob es sich insoweit um einen einheitlichen Lebenssachverhalt handelt, können aber die materiellrechtlichen Konkurrenzen als Hilfsmittel zugrunde gelegt werden. Liegt materiellrechtlich **Idealkonkurrenz** im Sinne des § 52 StGB vor, handelt es sich sicher auch um eine prozessuale Tat. Nicht so aussagekräftig ist das Vorliegen von Realkonkurrenz im Sinne des § 53 StGB. Liegen materiellrechtlich mehrere Taten vor, so spricht vieles dafür, dass es sich auch um mehrere prozessuale Taten handelt. Eine Ausnahme ist dann anzunehmen, wenn die unterschiedlichen materiellrechtlichen Taten so miteinander in Zusammenhang stehen, dass eine Abspaltung und getrennte Aburteilung als unnatürliche Aufspaltung eines Lebenssachverhaltes anzusehen wäre. Typischer Fall ist die Trunkenheitsfahrt mit einem Unfall und einer anschließenden Weiterfahrt. Aufgrund der Zäsurwirkung des Unfalls liegen hier zwei selbstständige materiellrechtliche Taten vor. Eine Aufspaltung in zwei Anklagen wäre jedoch offensichtlich eine unnatürliche Trennung, so dass von einer Tat im prozessualen Sinne auszugehen ist.

163 Ergeben sich also in der Hauptverhandlung ausreichende Hinweise auf eine weitere prozessuale Tat, so ist die Erhebung der Nachtragsanklage zu prüfen. Solche Hinweise können sich beispielsweise aus der Einlassung, insbesondere einem Geständnis des Angeklagten ergeben, sie können sich aber auch aus Zeugenaussagen ergeben.

164 Voraussetzung für die im Ermessen der Staatsanwaltschaft stehenden **Erhebung einer Nachtragsanklage** ist, dass das Gericht für die Aburteilung der weiteren Tat zuständig ist und dass der Angeklagte zustimmt. Letzteres ist hinsichtlich der Entscheidung, ob eine Nachtragsanklage erhoben werden soll, für den Sitzungsvertreter ein entscheidendes Kriterium. Denn die Erhebung der Nachtragsanklage dient in erster Linie prozessökonomischen Erwägungen. Es soll auf diese Weise im Interesse einer schnelleren Verfahrenserledigung, die natürlich auch im Interesse des Angeklagten liegen kann, zu einer abschließenden Erledigung ohne weitere Hauptverhandlung kommen. Nach Einbeziehung der Nachtragsanklage kann die Hauptverhandlung unterbrochen werden, falls es der Vorsitzende anordnet oder der Angeklagte es für seine Verteidigung beantragt (§ 266 Abs. 3 StPO). Die Frage, ob eine Unterbrechung erforderlich erscheint, sollte allerdings mit dem Vorsitzenden und dem Angeklagten sowie dem Verteidiger vorab geklärt werden. Denn wenn nicht nur für kurze Zeit unterbrochen und am selben Tage eine Fortsetzung möglich erscheint, dürfte die Verfehlung des Beschleunigungszwecks gegen die Erhebung einer Nachtragsanklage sprechen. In Fällen, in denen eine Fortsetzung an einem anderen ansonsten nicht benötigten Ter-

VII. Nachtragsanklage gemäß § 266 StPO § 2

minstag erforderlich wird, bietet sich an, keine Nachtragsanklage zu erheben, sondern ein gesondertes Verfahren einzuleiten.

Die Zustimmung des Angeklagten ist als wesentliche Förmlichkeit in das Hauptverhandlungsprotokoll aufzunehmen. Die Nachtragsanklage kann bis zum Beginn der Urteilsverkündung erhoben werden. Sie **muss** mündlich erhoben werden, wobei es sich natürlich empfiehlt, die Anklage schriftlich niederzulegen und anschließend zu Protokoll des Gerichts zu geben. Sie muss jedoch mündlich vorgetragen werden, bevor über die Einbeziehung per Gerichtsbeschluss entschieden werden kann. Inhaltlich muss die Nachtragsanklage gemäß § 266 Abs. 2 S. 2 StPO den Erfordernissen des § 200 Abs. 1 StPO entsprechen. Ein wesentliches Ergebnis der Ermittlungen ist daher in jedem Fall entbehrlich.

165

Die Erhebung einer Nachtragsanklage kann sich zum Beispiel empfehlen, wenn der wegen eines Ladendiebstahls vor Gericht stehende Angeklagte einräumt, die weitere bei ihm sichergestellte und bislang nicht zugeordnete Ware stamme aus einem Ladendiebstahl am selben Tage in einem anderen Kaufhaus, und nun „reinen Tisch" machen möchte.

166

In einem solchen Fall könnte die Nachtragsanklage so lauten:

▶ *Nachtragsanklage*

Der Angeklagte (Personalien)

wird weiter angeklagt,

am 10.10.2022 in Wuppertal

eine fremde bewegliche Sache einem anderen in der Absicht weggenommen zu haben, die Sache sich rechtswidrig zuzueignen,

indem er

am Tattag gegen 15.00 Uhr in den Verkaufsräumen des Warenhauses Galeria Kaufhof, gelegen Neumarkt 26 in Wuppertal, ein blaues Polohemd der Marke Boss im Wert von 77 Euro in eine mitgeführte Plastiktüte steckte und sodann ohne zu bezahlen die Geschäftsräume verließ.

Vergehen strafbar gemäß §§ 242 Abs. 1, 74 StGB

Das sichergestellte Polohemd unterliegt der Einziehung.

Beweismittel:
1) Geständnis des Angeklagten
2) Augenscheinsobjekt: sichergestelltes Polohemd der Marke Boss

Es wird beantragt, die Nachtragsanklage in das Hauptverfahren gegen den Angeklagten vor dem Amtsgericht Wuppertal wegen Diebstahls (Aktenzeichen:) einzubeziehen.

Unterschrift ◀

VIII. Befangenheit

167 Auch beim Amtsgericht kann es vorkommen, dass ein Richter seitens des Angeklagten wegen Befangenheit abgelehnt wird, so dass Sie zu diesem Antrag Stellung nehmen müssen. In Ausnahmefällen erscheint es sogar nicht ausgeschlossen, dass Sie als Sitzungsvertreter der Staatsanwaltschaft Anlass sehen, einen Befangenheitsantrag zu stellen. In der Praxis der erstinstanzlichen Verfahren vor dem Amtsgericht spielen allerdings Befangenheitsanträge so gut wie keine Rolle.

168 Das Gesetz kennt verschiedene Konstellationen, in denen einem Richter die Ausübung des Richteramtes untersagt wird.

In bestimmten Näheverhältnissen ist der Richter kraft Gesetzes nach **§ 22 StPO ausgeschlossen**, weil er selbst durch die Straftat verletzt ist, oder sonst einen der dort aufgeführten persönlichen Bezüge zu der Sache hat. Diese Fälle werden jedoch in der Praxis nicht vorkommen, weil dies zu einer Auswechselung des Richters bereits vor der Hauptverhandlung führen wird. Dem entsprechend werden Sie sich auch nicht mit solchen Befangenheitsanträgen beschäftigen müssen, die aufgrund eines vor der Hauptverhandlung liegenden Verhaltens gestellt worden sind.

VIII. Befangenheit § 2

Ihre Praxis wird sich allenfalls auf Befangenheitsanträge erstrecken, die sich an ein Verhalten des Richters in der Hauptverhandlung anschließen. In diesen Fällen erfolgen die Befangenheitsanträge auf Grundlage des § 24 StPO. Dies kann zwar teilweise schon unmittelbar vor oder nach Verlesung des Anklagesatzes der Fall sein, wird sich aber häufig erst im Laufe der oder im Anschluss an die Beweisaufnahme ergeben, so dass der Komplex der Befangenheit erst hier erörtert werden soll, auch wenn dies von der chronologischen Darstellung gelegentlich abweichen wird.

169

Grundsätzlich ist von einer Befangenheit des Gerichts auszugehen, wenn ein Grund vorliegt, der **Misstrauen gegen die Unparteilichkeit** des Richters rechtfertigt. Es müssen also berechtigte Zweifel an der von dem Richter zu erwartenden Neutralität, Distanz und Unparteilichkeit vorliegen. Insoweit kommt es nicht darauf an, ob der Richter tatsächlich befangen ist. Es kommt auch nicht allein auf die subjektive Sicht desjenigen an, der Zweifel an der Befangenheit des Richters hat. Zwar sind die Befangenheitsgründe vom subjektiven Standpunkt des Ablehnenden zu betrachten. Jedoch ist diese subjektive Sicht einer objektiven Würdigung zu unterziehen. Nur wenn nach verständiger und vernünftiger Würdigung aus der Sicht des Ablehnenden ein vernünftiger Grund zu der Annahme besteht, der Richter sei befangen, liegt die Besorgnis der Befangenheit vor. Diese Besorgnis kann auch nur aus feststehenden Tatsachen abgeleitet werden, bloße Vermutungen rechtfertigen keine Besorgnis der Befangenheit.

170

Wie sich schon aus dieser Darstellung annehmen lässt, ist die Frage, ob eine Besorgnis der Befangenheit besteht, weitgehend eine Frage des Einzelfalls. Für Sie relevant können im Ergebnis drei Gruppen werden, wovon in zwei Fällen eine Befangenheit grundsätzlich zu verneinen sein wird.

171

1) **Eigenes Verhalten** des Ablehnenden: Grundsätzlich kann der Ablehnende aus seinem eigenen Verhalten keinen Ablehnungsgrund herleiten. Das liegt auf der Hand, da der Ablehnende sonst selbst nach Belieben sich dem aus seiner Sicht unliebsamen Richter entziehen könnte, indem er einen Ablehnungsgrund schafft, zum Beispiel den Richter beleidigt.

172

§ 2   Die Hauptverhandlung/Beweisaufnahme

173 Deshalb liegt keine Befangenheit vor,
- wenn der Richter wegen eines beleidigenden oder provozierenden Verhaltens des Angeklagten oder seinen Verteidigers Strafanzeige erstattet hat,
- wenn der Angeklagte gegen den Richter Dienstaufsichtsbeschwerde erhoben hat,
- oder wenn der Angeklagte wegen einer von Ihm behaupteten Rechtsbeugung Strafanzeige erstattet hat.

174 2) **Vortätigkeit** des Richters: Auch eine Vortätigkeit des Richters, sofern sie nicht nach § 22 StPO zu einem Ausschluss führt, ist ebenfalls nicht geeignet, eine Befangenheit zu begründen. Ein **verständiger** Angeklagter wird davon ausgehen, dass auch ein Richter, der dienstlich bereits einmal mit einer Sache befasst war, aufgrund seiner Stellung und Ausbildung entsprechend den gesetzlichen Vorschriften sich in seiner endgültigen Entscheidung, insbesondere seinem Urteil nicht wird beeinflussen lassen.

175 Aus diesem Grund liegt keine Besorgnis der Befangenheit vor,
- weil der Richter das Hauptverfahren eröffnet hat,
- weil der Richter einen Haftbefehl erlassen hat,
- oder wenn er mit dem Sachverhalt bereits in einem anderen Verfahren befasst war, wobei sich in Ausnahmefällen eine Befangenheit aus § 23 StPO ergeben kann. Diese Fälle dürften aber in den erstinstanzlichen Verfahren vor den Amtsgerichten nicht zu erwarten sein.

176 Abgesehen von den Fällen des § 23 StPO kann eine Vorbefassung nur unter ganz besonderen Umständen eine Besorgnis der Befangenheit begründen,
- wenn der Richter sich in dem anderen Verfahren abfällig über den Angeklagten geäußert hat,
- ihn als Zeugen für völlig unglaubwürdig erachtet hat.

177 3) **Verhalten oder Äußerungen des Richters in der Hauptverhandlung:**

Grundsätzlich kann als Maßstab gesagt werden, dass die Ablehnung dann begründet ist, wenn zu besorgen ist, dass der Richter nicht unvoreingenommen ist, sondern von der Schuld oder Un-

VIII. Befangenheit § 2

schuld des Angeklagten bereits vor dem Abschluss der Beweisaufnahme endgültig überzeugt zu sein scheint.

Das kann der Fall sein, wenn
- der Richter vor der Beweisaufnahme seine Überzeugung von der Schuld des Angeklagten äußert,
- wenn der Richter den Angeklagten mit ungewöhnlich starken Worten zum Geständnis drängt oder angeht („Sie lügen wie gedruckt" oder „Sie sind ein Gewohnheitsverbrecher"),
- wenn der Richter auf einen Zeugen einwirkt, von seinem Zeugnisverweigerungsrecht keinen Gebrauch zu machen,
- wenn der Richter schon während der Vernehmung eines Zeugen zu erkennen gibt, dass es sich endgültig dahin festgelegt hat, dass dessen Aussage falsch ist,
- wenn der Richter schon vor oder während des Plädoyers des Verteidigers das Urteil niederschreibt.

Andererseits darf der Richter durchaus
- rechtliche Ansichten äußern,
- äußern, ein Geständnis sei vorteilhaft, falls die Beweismittel tatsächlich zutreffen sollten,
- einen Hinweis an den Angeklagten auf das nach dem derzeitigen Verfahrensstand zu erwartende Verfahrensergebnis erteilen.

Auch Unmutsäußerungen, sind dem Richter nicht verboten, solange sie berechtigt und nicht grob unsachlich sind.

4) Hinsichtlich des **Verfahrens** der Ablehnung sind mehrere Voraussetzungen zu beachten:

Eine bestimmte Form ist für das Ablehnungsgesuch nicht vorgeschrieben. Das Ablehnungsgesuch kann gemäß § 26 Abs. 1 S. 1 StPO in der Hauptverhandlung schriftlich, aber auch mündlich gestellt werden. Im Falle einer mündlichen Stellung ist das Ablehnungsgesuch als wesentliche Förmlichkeit zu protokollieren. Das Gericht kann zudem dem Antragsteller gemäß § 26 Abs. 1 S. 2 StPO aufgeben, ein innerhalb der Hauptverhandlung angebrachtes Ablehnungsgesuch innerhalb einer angemessenen Frist schriftlich zu begründen. Verfährt das Gericht entsprechend, haben auch Sie etwas Zeit, sich bis zum Vorliegen der schriftlichen Begründung erste Gedanken zu der Berechtigung des Befangenheitsantrages zu machen. Je intensiver und eingehender das Ablehnungsgesuch begründet wird, umso länger wird man Ihnen auch anschließend Gelegenheit zur Stellungnahme einräumen.

181 Das Ablehnungsgesuch muss in der Hauptverhandlung nach § 25 StPO **unverzüglich** angebracht werden. Dies geschieht meist, indem der Verteidiger unmittelbar im Anschluss an das Verhalten oder die Äußerung des Richters, die seiner Ansicht nach einen Befangenheitsantrag rechtfertigen können, um eine Unterbrechung bittet, um einen nicht aufschiebbaren Antrag zu stellen. Häufig kommen die Gerichte diesem Antrag nach und unterbrechen die Hauptverhandlung für kurze Zeit. Im Anschluss an die Unterbrechung muss dann das Befangenheitsgesuch gestellt werden.

182 Allerdings besteht ein Spannungsverhältnis zwischen § 25 StPO und § 238 StPO. Denn tatsächlich steht dem Verteidiger nicht das Recht zu, zu jedem Zeitpunkt der Hauptverhandlung das Wort zu ergreifen, um einen Befangenheitsantrag zu stellen. Vielmehr bleibt die Verhandlungsführung des Vorsitzenden nach § 238 StPO vorrangig, und er ist nicht verpflichtet, unmittelbar die Verhandlung zu unterbrechen, sondern kann zunächst die ihm für erforderlich erachteten Verhandlungsmaßnahmen weiterführen und dem Verteidiger zu einem späteren Zeitpunkt die Gelegenheit zur Antragstellung durch Unterbrechung geben. In diesem Fall wird durch das Gericht oftmals erklärt, dass der zeitliche Aufschub keinen Verlust des Rügerechts beinhaltet.

183 Der Ablehnungsgrund und die Voraussetzungen der Rechtzeitigkeit des Antrages sind glaubhaft zu machen. **Glaubhaftmachung** erfordert, dass die behaupteten Tatsachen so weit bewiesen werden, dass das Gericht sie für wahrscheinlich hält. Mittel der Glaubhaftmachung sind schriftliche Erklärungen, in der Regel des Verteidigers oder von Zeugen. Hierbei kann sich der Ablehnende auch auf das Zeugnis des abgelehnten Richters berufen.

184 Der Richter muss sich **dienstlich äußern**, sofern das Ablehnungsgesuch nicht offensichtlich unbegründet ist. Diese Äußerung muss sowohl dem Verteidiger/Angeklagten als auch Ihnen mitgeteilt werden.

VIII. Befangenheit § 2

Ist das Ablehnungsgesuch **unzulässig**, weil verspätet oder ein Ablehnungsgrund gar nicht angegeben oder nicht glaubhaft gemacht, so wird es von dem erkennenden Richter als unzulässig verworfen (§ 26a StPO). 185

Ist das Ablehnungsgesuch nicht unzulässig, so entscheidet bei dem Amtsgericht **ein anderer Richter** des Gerichts, der in dem Geschäftsverteilungsplan festgelegt ist, es sei denn der abgelehnte Richter hält bereits das Gesuch selbst für begründet (§ 27 Abs. 3 S. 2 StPO). 186

Vor Erledigung des Ablehnungsgesuches kann der abgelehnte Richter nach § 29 Abs. 1 StPO noch solche Handlungen vornehmen, die unaufschiebbar sind, also alle Handlungen, die wegen ihrer Dringlichkeit nicht warten können. Mit dem Gesetz zur Modernisierung des Strafverfahrens aus November 2019 ist nunmehr in **§ 29 Abs. 2 StPO** gesetzlich geregelt worden, dass nicht wie vorher auf einzelne gerichtliche Maßnahmen abzustellen ist, sondern dass die Durchführung der Hauptverhandlung als Ganzes keinen Aufschub duldet. Sie findet danach bis zur Entscheidung über das Ablehnungsgesuch unter Mitwirkung des abgelehnten Richters statt. 187

Nach § 29 **Abs. 3 StPO** ist über die Ablehnung spätestens vor Ablauf von zwei Wochen und vor der Urteilsverkündung zu entscheiden.

Auch Sie selbst können einmal in die Verlegenheit kommen, einen Befangenheitsantrag zu stellen, obwohl dies nur in Ausnahmefällen in Betracht kommen wird: 188

▶ Staatsanwaltschaft
Aktenzeichen/Datum
In der Strafsache gegen Paul Hartmann wegen Diebstahls
lehne ich den Richter am Amtsgericht Müller wegen der Besorgnis der Befangenheit ab.
Richter am Amtsgericht Müller hat in der Hauptverhandlung noch vor Aufruf der Sache in Gegenwart des Verteidigers bei dem Unterzeichner als Sitzungsvertreter der Staatsanwaltschaft angeregt, das Verfahren gemäß § 153 StPO einzustellen. Auf die Erklärung des Unterzeichners, dass er zu diesem Zeitpunkt einer solchen Verfahrensweise nicht zustimme,

hat Richter am Amtsgericht Müller hörbar erklärt, dass die Anklageschrift sowieso nicht viel tauge und auch der Umstand, dass die Staatsanwaltschaft einen offensichtlich unqualifizierten Sitzungsvertreter schicke, zeige, dass sie die Sache verloren gebe.
Zur Glaubhaftmachung beziehe ich mich neben meiner obigen Erklärung auch auf die dienstliche Äußerung des abgelehnten Richters.
Die Äußerung begründet bei verständiger Würdigung berechtigte Zweifel an der Neutralität des abgelehnten Richters. ◀

5) Auch **Sachverständige** können wegen der Besorgnis der Befangenheit abgelehnt werden. Gemäß § 74 Abs. 1 StPO kann dies aus denselben Gründen geschehen, aus denen auch Richter abgelehnt werden können. Dies sind zum einen die zwingenden Ablehnungsgründe, in denen ein Richter nach §§ 22, 23 StPO von der Mitwirkung ausgeschlossen ist. Diese Gründe, die beim Gericht ohne Weiteres zum Ausschluss führen, müssen beim Sachverständigen ausdrücklich geltend gemacht werden. Neben den besonderen Nähebeziehungen zur Tat kommen hier insbesondere Vorbefassungen mit der Sache in Betracht. Ein Befangenheitsgesuch gegen einen Sachverständigen ist dann begründet, wenn vom Standpunkt des Ablehnenden aus verständiger Sicht Misstrauen in die Unparteilichkeit des Sachverständigen gerechtfertigt erscheint.

Befangenheit eines Sachverständigen ist anzunehmen
- wenn er vorher als Kriminalbeamter an den Ermittlungen teilgenommen hat,
- wenn er Angestellter einer geschädigten Firma ist,
- wenn er für einen Beteiligten am Verfahren oder eine Versicherungsgesellschaft ein Privatgutachten erstattet hat.

Keine Befangenheit liegt dagegen vor,
- wenn er als Polizeibeamter einer mit Ermittlungsaufgaben nicht betrauten und organisatorisch getrennten Dienststelle angehört, also als Polizeibeamter bei dem Landeskriminalamt kriminaltechnische, chemische oder sonstige Untersuchungen

VIII. Befangenheit §2

vornimmt und diesbezüglich im Einzelfall nicht an Weisungen gebunden ist,
- wenn er im Ergebnis seines Gutachtens die Aussage des Angeklagten als unglaubhaft bezeichnet.

6) Für Sie als **Sitzungsvertreter der Staatsanwaltschaft** gelten die Befangenheitsvorschriften nicht, auch nicht entsprechend. Sie können danach nicht wegen Befangenheit abgelehnt werden. Gleichwohl ist jedoch auch Ihre Mitwirkung unter Umständen als unzulässig anzusehen. Das wird zu bejahen sein, wenn Sie mit dem Angeklagten oder mit dem Verletzten verwandt oder sehr gut bekannt sein. Nicht ausreichend ist in diesem Zusammenhang natürlich, dass Sie in der Hauptverhandlung Ihre Meinung über die Sache aufgrund der Aktenlage äußern. 192

Wenn Sie feststellen, dass Sie mit dem Angeklagten oder einem Verletzten bekannt sind, werden Sie dies Ihrem Ausbilder oder dem für die Sitzungseinteilung zuständigen Beamten Ihrer Behörde mitteilen, der dann für die Sitzungswahrnehmung durch einen anderen Sitzungsvertreter sorgen wird. Stellen Sie dies erst in der Hauptverhandlung fest, bietet sich an, das Gericht um eine Unterbrechung zu bitten und den Eildienst zu informieren, der dann die Sitzung wahrnehmen kann. 193

Ist der Angeklagte oder sein Verteidiger der Meinung, Sie seien als Sitzungsvertreter befangen, so bleibt ihm nur, bei Ihrem Dienstvorgesetzten auf Ihre Ablösung hinzuwirken. Ihrem Dienstvorgesetzten, dh in diesem Falle, dem Leitenden Oberstaatsanwalt Ihrer Behörde steht natürlich das Recht zu, Sie im Wege der Dienstaufsicht als Sitzungsvertreter abzulösen. Das wird allerdings erst nach Ihrer Anhörung erfolgen. Da Sie die Entscheidung des Leitenden Oberstaatsanwalts vorher nicht kennen, sollten Sie, falls der Verteidiger Ihre Befangenheit rügt, sofern die Rüge nicht offensichtlich unsinnig ist, keine Erklärungen abgeben, um nicht vorzugreifen, sondern erst die Sache mit Ihrem Ausbilder oder ggfs. Ihrem Abteilungsleiter besprechen. 194

IX. Blutalkoholberechnung

195 1) Auch beim Amtsgericht werden Sie gelegentlich mit einem Angeklagten zu tun haben, der zur Tatzeit alkoholisiert war. Materiellrechtlich ist Alkohol logischerweise von großer Bedeutung im Zusammenhang mit allen Trunkenheitsdelikten im Verkehr, den §§ 316, 315c StGB. Auch für die Frage der Strafzumessung kann die Alkoholisierung häufig im Rahmen der §§ 21, 49 StGB von Bedeutung sein. Insoweit ist mit der Entscheidung des Großen Senats des Bundesgerichtshofes vom 24.7.2017 (BGH GSSt 3/17) geklärt, dass im Rahmen der bei der tatgerichtlichen Ermessensentscheidung über die Strafrahmenverschiebung nach den §§ 21, 49 Abs. 1 StGB gebotene Gesamtwürdigung aller schuldrelevanten Umstände eine selbstverschuldete Trunkenheit die **Versagung** der Strafrahmenmilderung tragen kann, auch wenn eine vorhersehbare signifikante Erhöhung des Risikos der Begehung von Straftaten aufgrund der persönlichen oder situativen Verhältnisse des Einzelfalls nicht festgestellt ist. Grund hierfür ist, dass das dem Alkoholkonsum selbst innewohnende Risiko zum Allgemeinwissen zählt. Es ist selbst Menschen von geringer Lebenserfahrung in aller Regel bekannt. Der Alkoholkonsum stellt somit für jedermann erkennbar eine abstrakte Gefahr für strafrechtlich geschützte Rechtsgüter dar, die sich, falls der Sich-Betrinkende eine rechtswidrige Tat begeht, in der konkreten Rechtsgutsgefährdung oder Rechtsgutsverletzung realisiert. Geht jemand dieses allgemeinkundige Risiko einer Alkoholintoxikation vorwerfbar ein, sind bereits allein dadurch das Handlungsunrecht seiner im Zustand der erheblich verminderten Schuldfähigkeit begangenen Tat sowie die Tatschuld signifikant erhöht. Im Übrigen eröffnet eine selbstverschuldete Trunkenheit selbst bei Annahme einer dadurch entfallenden Schuldfähigkeit eine Bestrafung aus § 323a StGB.

196 Schwierige Fragen im Zusammenhang mit der Alkoholberechnung werden in der Regel auch Anlass zur Einholung eines Sachverständigengutachtens und damit Gegenstand eines Sachverständigenbeweises sein. Allerdings geht die Rechtsprechung davon aus, dass hinsichtlich einfacher Fälle die Sachkunde des Gerichtes insoweit ausreicht. Aus diesem Grunde benötigen Sie zumindest Grundkenntnisse hinsichtlich der Berechnung und Würdigung der

IX. Blutalkoholberechnung § 2

Alkoholisierung eines Angeklagten, um erforderlichenfalls selbst hierzu die im Rahmen der Schuldfeststellung oder Strafzumessung erforderlichen Überlegungen anstellen zu können.

Hinsichtlich der Ermittlung der **Blutalkoholkonzentration** sind zwei Grundfälle zu unterscheiden, nämlich zum ersten, dass eine Blutalkoholkonzentrationsbestimmung aufgrund einer Blutprobe vorliegt und zum zweiten, dass mangels einer solchen Blutprobenbestimmung nur Angaben des Angeklagten oder von Zeugen zu dem der Tat vorhergehenden Alkoholgenuss vorliegen. In beiden Konstellationen ist für die Berechnung und Würdigung zu unterscheiden, ob eine Alkoholisierung zur Tatzeit für den Angeklagten im Ergebnis nachteilig ist -im Falle speziell der §§ 316, 315c StGB – oder ob eine Alkoholisierung im Ergebnis sich zugunsten des Angeklagten auswirkt – im Zusammenhang mit den §§ 20, 21 StGB. 197

2) Es liegt eine Blutprobe (BAK-Befund) vor: 198

Bei Vorliegen einer Blutprobe können das BAK-Gutachten, das Blutentnahmeprotokoll und ein eventuell vorliegender klinischer Befund in der Hauptverhandlung gemäß § 256 Abs. 1 Nr. 3 und 4 StPO verlesen werden, wenn die Urkunden erkennen lassen, von welchem Arzt sie verfasst wurden. Da die Blutprobe aber natürlich erst nach der Tat entnommen worden ist, bedarf es auch im Fall eines vorliegenden BAK-Befundes einer Rückrechnung durch den Richter und durch Sie, um die Tatzeit-BAK zu bestimmen.

Bei dieser Rückrechnung werden unterschiedliche Berechnungen vorgenommen, je nachdem, ob die Alkoholisierung für den Angeklagten nachteilig oder positiv ist.

Eine Alkoholisierung ist für den Angeklagten **nachteilig**, wenn die Alkoholisierung oder genauer gesagt, die durch die Alkoholisierung verursachten Ausfallerscheinungen Gegenstand des Tatbestandes des Deliktes sind, also vornehmlich in den Fällen der Straßenverkehrsdelikte. Bei der Frage der Fahrtüchtigkeit wird nach der Rechtsprechung bekanntermaßen bei Kraftfahrzeugführern ab 1,1 ‰ eine Fahruntauglichkeit unwiderlegbar vermutet. Deshalb muss von der im BAK-Befund zum Zeitpunkt der Blut- 199

§ 2 Die Hauptverhandlung/Beweisaufnahme

entnahme festgestellten Blutalkoholkonzentration auf die zum Zeitpunkt der Tatzeit zurückgerechnet werden.

Zwar können inzwischen natürlich im Internet unter dem Stichwort Blutalkoholrechner verschiedene mehr oder weniger detaillierte Berechnungen vorgenommen werden. Gleichwohl sind für die Beurteilung in der Hauptverhandlung und deren Verständnis der Rückrechnungsmethode medizinische Vorkenntnisse zumindest in den Grundzügen erforderlich.

200 Bei dem Konsum von Alkohol gelangt dieser nicht sofort in den Blutkreislauf. Vielmehr muss der Alkohol zunächst vom Körper resorbiert werden, was eine gewisse Zeit benötigt. Die für die Aufnahme in den Blutkreislauf erforderliche Zeitspanne wird als **Resorptionszeit** bezeichnet und muss bei der Feststellung der Tatzeit-BAK als wesentlicher Faktor in Rechnung gestellt werden. Ist die Blutprobe innerhalb der Resorptionszeit entnommen worden, war der konsumierte Alkohol noch nicht vollständig aufgenommen. Damit hätte eine zu einem späteren Zeitpunkt entnommene Blutprobe einen höheren Wert ergeben, sofern nicht bereits durch den im Körper stattfindenden Alkoholabbau eine Kompensation erfolgt ist. Um Fehler bei der **Rückrechnung** zulasten des Angeklagten zu vermeiden, darf eine Rückrechnung erst erfolgen, wenn bei Entnahme der Blutprobe die Resorptionsphase abgeschlossen war und der konsumierte Alkohol vollständig ins Blut gelangt war. Diese Resorptionsphase wird von der Rechtsprechung in diesen Fällen mit zwei Stunden festgelegt. Ein medizinischer Sachverständiger kann auch eine kürzere Zeit annehmen. Dies erfordert allerdings konkrete Feststellungen zum Einzelfall, also zur Trinkzeit, zum Trinkende, zur Getränkeart sowie zur Nahrungsaufnahme und zum Konstitutionstyp.

201 Liegt zwischen Trinkende und der Entnahme der Blutprobe **ein längerer Zeitraum als zwei Stunden,** war die Resorptionsphase abgeschlossen und zum Zeitpunkt der Blutentnahme der Alkohol vollständig in die Blutbahn gelangt. Um nun die Tatzeit-BAK zu bestimmen, ist es erforderlich den Alkoholgehalt zur BAK zu addieren, der zwischen der Tatzeit und der Blutentnahme vom Körper abgebaut worden ist. Im Falle des für einen Angeklagten nachteiligen Alkoholgenusses ist es für den Angeklagten

IX. Blutalkoholberechnung § 2

günstig, wenn die Tatzeit-BAK möglichst niedrig ist. Deshalb hat die Rechtsprechung in diesen Fällen festgelegt, dass von dem unter medizinischen Gesichtspunkten niedrigsten Abbauwert von 0,1 ‰ auszugehen ist.

Beispiel: Der Angeklagte wird um 21:00 Uhr abends im Auto angehalten. Eine Blutprobe wird um 22:00 Uhr entnommen. Sie ergibt einen Wert von 1,15 ‰. Der Angeklagte hat den Alkohol auf einer Feier bis 19:00 Uhr getrunken. Damit ist von einer Resorptionsphase von zwei Stunden in der Zeit von 19:00 Uhr bis 21:00 Uhr auszugehen, in der eine Rückrechnung nicht erfolgen darf. Für die Zeit vom Ende der Resorptionsphase 21:00 Uhr bis zur Blutentnahme 22:00 Uhr = 1 Stunde ist der Abbauwert von 0,1 ‰ in Ansatz zu bringen. Damit ergibt sich für die Tatzeit eine BAK von 1,25 ‰. 202

Wäre im Beispiel der Angeklagte um 20:00 Uhr angehalten und die Blutprobe noch unmittelbar um 20:30 Uhr entnommen worden, also noch innerhalb der Resorptionsphase, wäre eine Rückrechnung nicht zulässig gewesen. Die aus der entnommenen Blutprobe festgestellte BAK wäre als Tatzeit-BAK zu werten, obwohl noch von einem Alkoholanstieg in der folgenden halben Stunde auszugehen wäre. 203

Vorteilig ist ein Alkoholgenuss für den Angeklagten, wenn diese zu einer Schuldunfähigkeit im Sinne des § 20 StGB oder zumindest zu einer verminderten Schuldfähigkeit nach § 21 StGB führt. Nach der Rechtsprechung ist bei einer Tatzeit-BAK von 2 ‰ das Vorliegen einer verminderten Schuldfähigkeit zu prüfen. Ab 3 ‰ ist eine Schuldunfähigkeit ebenfalls eingehend durch das erkennende Gericht zu prüfen. Allerdings kommt der BAK insoweit nur eine Indizwirkung zu, die durch andere Feststellungen auch widerlegt werden kann. Insoweit können in erster Linie das Vorhandensein oder Fehlen von Ausfallerscheinungen eine Rolle spielen. Diese sind dem Blutentnahmeprotokoll und eventuell auch Zeugenaussagen zu entnehmen. 204

Im Übrigen wird in dem Fall, dass eine hohe Alkoholisierung für den Angeklagten günstig ist, im Gegensatz zur vorigen Alternative bei der **Rückrechnung** vom Entnahmewert zum Tatzeitwert 205 der medizinisch höchste maximale Abbauwert berücksichtigt, der mit 0,2 ‰ anzusetzen ist. Des Weiteren wird dem Berechnungsergebnis ein Sicherheitszuschlag von 0,2 ‰ hinzugefügt. Insbesondere werden auch die ersten zwei Stunden nach Trinkende, also die Resorptionsphase in die Rückrechnung einbezogen. Die Resorptionsphase spielt also im Rahmen der Berechnung keine Rolle.

206 Beispiel: Der Angeklagte wird um 21:00 Uhr abends bei einem Diebstahl gestellt. BAK der um 24:00 Uhr entnommen Blutprobe 1,8 ‰, Trinkende 20:30 Uhr. Daraus ergibt sich eine maximale Tatzeit BAK von 1,8 ‰ plus 3 x 0,2 ‰ (stündlicher Abbauwert) = 2,4 ‰ plus 0,2 ‰ (Sicherheitszuschlag) = 2,6 ‰.

Damit wären in diesem Fall die Voraussetzungen einer verminderten Schuldfähigkeit ernsthaft zu erwägen.

207 **3) Es liegen keine Blutprobe und damit kein BAK-Wert vor:**

Häufig fehlen Analyseergebnisse als Grundlage für eine Berechnung der Tatzeit-BAK. Dies wird kaum je in den Fällen vorkommen, in denen sich eine hohe Alkoholisierung nachteilig auswirkt, nämlich bei den Straßenverkehrsdelikten, sondern in den Fällen, in denen sich eine hohe Tatzeit-BAK positiv auswirkt. Denn in diesen Fällen wird der Angeklagte auch erst in der Hauptverhandlung eine Alkoholisierung zur Tatzeit geltend machen, um eine Strafmilderung zu erreichen. Oft wird es sich in diesen Fällen um eine Schutzbehauptung handeln. Gelegentlich allerdings kann eine solche Einlassung auch glaubhaft sein und durch das Ergebnis der Beweisaufnahme bestätigt werden. In diesen Fällen besteht die Aufgabe des Gerichtes darin, die Tatzeit-BAK aus den festgestellten Umständen zu errechnen oder als Schutzbehauptung zu widerlegen. Hilfreich ist es, wenn zeitnah zu der Tat von der Polizei eine Atemalkoholuntersuchung mittels eines Messgeräts („pusten") durchgeführt worden ist. Obwohl den damit erzielten Ergebnissen nicht die Beweisbedeutung einer Blutprobe zukommt, haben diese einen erheblichen Indizwert. Berücksichtigen müssen Sie allerdings, dass eine Umrechnung des Messergebnisses erforderlich ist. Atemalkohol wird in Milligramm pro Liter (mg/l) gemessen. Um den entsprechenden Promillewert zu ermit-

IX. Blutalkoholberechnung §2

teln, müssen Sie diesen Wert verdoppeln. Hat der Beschuldigte unmittelbar nach der Tat 0,8 mg/l „gepustet" dürfte er also ca. 1.6 Promille Alkohol im Blut gehabt haben.

Die Berechnung erfolgt durch die **„Widmark-Formel"**:   208

<u>Gramm des aufgenommenen Alkohols</u>
Körpergewicht in kg x 0,7 (Männer) oder x 0,6 (Frauen).

Das Gewicht des genossenen Alkohols kann über die Art und Menge des Getränks ermittelt werden. Hierbei ist zu berücksichtigen, dass die auf Flaschen aufgedruckten Angaben zum Alkoholgehalt sich auf das Volumen beziehen. Da ein Milliliter Alkohol aufgrund des spezifischen Gewichtes nicht 1,0 Gramm, sondern nur 0,8 Gramm wiegt, ist zunächst die Menge des aufgenommenen Alkohols zu errechnen.

Für gängige Getränke lassen sich ungefähr folgende Faustregeln annehmen: 209

„Normalbier" hat ungefähr 5 % Volumenalkohol; für 1 l (1000 ml) also: 5 % mal 1000 mal 0,8 = **40 Gramm Alkohol**.

Wein hat 12 % Volumenalkohol; für 1 l also 12 % mal 1000 mal 0,8 = **100 Gramm Alkohol**,

Schnaps hat 40 % Volumenalkohol; für 1 l also 40 % mal 1000 mal 0,8 = **320 Gramm Alkohol**.

Also lässt sich als Faustformel festhalten: Ein Liter Bier entspricht 0,4 l Wein, entspricht 0,125 l Schnaps (ungefähr 6 „Kurze" zu je 2 cl je 6,4 Gramm Alkohol).

Diese Werte können natürlich bei Starkbieren höher sein. Auch Spirituosen mit anderen Volumenwerten als 40 % sind natürlich bekannt. Mit den obigen Berechnungen sollten Sie aber zumindest in der Lage sein, kurzfristig entsprechende Berechnungen des Alkoholgewichts vorzunehmen.

Dass nicht durch das gesamte Körpergewicht dividiert wird, beruht darauf, dass der Alkohol nicht in der gesamten Körpermasse verteilt wird, sondern nur im wasserhaltigen Anteil des Körpers. Dieser wird bei Männern mit 70 % (also Faktor 0,7) und bei Frauen mit 60 % (also Faktor 0,6) angenommen. Dieser Redukti-   210 onsfaktor kann bei extrem dünner oder extrem dicker Konstitution (Fettleibigkeit, Magersucht, Bodybuilder) abweichen. Zur ungefähren Überprüfung der Möglichkeit der behaupteten Trinkmengen reicht es aber zunächst einmal, mit den genannten Faktoren zu rechnen. Wenn offensichtlich von extremen Abweichungen des Reduktionsfaktors auszugehen ist, so dass ein individueller Reduktionsfaktor errechnet werden muss, wird hierfür die Einholung eines Sachverständigengutachtens erforderlich sein.

211 Schließlich ist ein **Resorptionsdefizit** zu berücksichtigen. Dies beruht darauf, dass nicht der volle Alkoholgehalt in das Blut übergeht. Der Alkohol wird im Magen und Darm unmittelbar durch Enzyme abgebaut und auch bei der ersten Leberpassage erfolgt ein Abbau. Dies erklärt auch, dass je mehr zum Alkohol gegessen wird, umso mehr schon im Magen und Darm abgebaut wird, weil der Alkohol länger benötigt, um durch Magen und Darm zu gelangen. Dieses Alkoholresorptionsdefizit ist mit 10 % bis 30 % anzusetzen, je nachdem, ob ein hoher Alkoholgehalt nachteilig oder günstig ist. Schließlich ist auch noch der Abbau des Alkohols pro Stunde zu berücksichtigen.

212 Wenn Alkoholgenuss für den Angeklagten **nachteilig** ist, ist entsprechend den Ausführungen wie folgt zu rechnen:

Trinkt ein 70 Kilogramm schwerer Angeklagter von 16:00 bis 19:00 Uhr 3 Liter Bier, so kommt er auf 40 Gramm mal 3 = 120 Gramm Alkohol durch 70 Kilogramm mal 0,7 = **2,45 ‰**.

Wird er nun um 20:00 Uhr bei einem Verkehrsdelikt gestellt (aber aus unerfindlichen Gründen die Blutprobe verloren), ist abzuziehen - **0,735 ‰**, (30 % Resorptionsdefizit von 2,45 ‰) minus **0,8 ‰**, (maximaler Abbau von 0,2 ‰ pro Stunde zwischen Trinkbeginn und Tatzeit: 0,2 ‰ mal 4 Stunden) minus **0,2 ‰**, (Sicherheitszuschlag)

Gesamt: 0,715 ‰, als erstaunliches Ergebnis.

213 Ist Alkoholgenuss für den Angeklagten **vorteilhaft**, wäre im vorliegenden Beispielsfall von der errechneten BAK von 2,45 ‰ abzuziehen -0,245 ‰ (minimales Resorptionsdefizit von 10 %) minus 0,4 ‰ (minimaler Abbau von 0,1 ‰ pro Stunde). Damit ergibt sich in diesem Fall eine Tatzeit-BAK 1,805 ‰.

IX. Blutalkoholberechnung §2

Der Abzug eines Sicherheitsabschlages wäre in diesem Falle nachteilig und unterbleibt deshalb.

Die Spannbreite der Ergebnisse zeigt, dass mit dieser Methode häufig nicht die wirkliche Alkoholisierung des Angeklagten festgestellt werden kann. Deshalb ist in den Fällen, in denen eine Blutprobe nicht vorliegt, den weiteren Indizien wie Ausfallerscheinungen, Leistungsfähigkeit, Erscheinungsbild erhebliche Aufmerksamkeit zu widmen. Jedenfalls können auf diese Weise völlig unglaubwürdige Trinkangaben häufig als Schutzbehauptungen ausgeschlossen werden.

4) **Nachtrunk:**

Immer wieder berufen sich Angeklagte auf einen „Nachtrunk", der sich oft auch als Schutzbehauptung darstellt. Der Angeklagte erklärt in diesen Fällen die nach der Tat festgestellte Alkoholisierung damit, dass er nach der Tat und vor der Blutprobenentnahme, „auf den Schreck" erst einmal Alkohol zu sich genommen hat. Um dies überprüfen zu können, muss der Nachtrunk berechnet werden. Zunächst wird dafür die Mindest-BAK zur Tatzeit aufgrund der gemessenen Blutprobe errechnet. Aufgrund der angegebenen Nachtrunkmengen wird nach Widmark die Nachtrunk-BAK mit einem Resorptionsdefizit von 10 % errechnet, da so die Nachtrunk-BAK hoch ist. Diese wird dann von der Tatzeit-BAK abgezogen. 214

Wird also für einen Tatzeitpunkt eine BAK von 1,30 ‰ errechnet und gibt der Angeklagte an, er habe nach seiner Fahrt zwei Schnaps je 2 cl mit 40 % Volumenalkohol getrunken, ergibt sich bei einem Körpergewicht von 70 kg: 40 ml mal 0,8 mal 40 %= 12,8 Gramm Alkohol geteilt durch 70 Kg mal 0,7 = 0,261 ‰. Abzüglich 10 % Resorptionsdefizit 0,0261 ‰ = 0,2349 ‰. Zieht man diesen Nachtrunk von der ursprünglichen BAK von 1,30 ‰ ab, so ergibt sich ein Wert von 1,0651 ‰, so dass der Angeklagte unterhalb der Grenze der absoluten Fahruntüchtigkeit läge. In diesem Falle wäre letztlich die Nachtrunkbehauptung durch ein Sachverständigengutachten aufzuklären, da durch eine Begleitstoffanalyse, die einzelnen getrunkenen Alkoholsorten unter Umständen von einem Sachverständigen bestimmt werden können. 215

▶ **Praxistipp:** Bei einer Alkoholisierung des Täters wird im Regelfall ab 2 ‰ eine verminderte Schuldfähigkeit und ab 3 ‰ eine fehlende Schuldfähigkeit zu prüfen sein. Sehen Sie zuerst nach, ob das Ergebnis einer Blutprobe vorliegt. Ist dies nicht der Fall prüfen Sie, ob eine Atemalkoholuntersuchung vorliegt. Für eine Berechnung nach der Widmark-Formel besteht nur Anlass, wenn Sie nichts anderes haben. Stellen Sie aber auch immer eine Gesamtbetrachtung an. Ist der Angeklagte von Zeugen als planmäßig handelnd beschrieben worden und liegen keine oder nur geringe erkennbare körperliche Ausfallerscheinungen vor, dürfte auch bei erheblichen Alkoholwerten eher von einer vollen Schuldfähigkeit auszugehen sein. ◀

X. Störungen in der Hauptverhandlung

216 Kommt es in der Hauptverhandlung zu Störungen, obliegt die Wahrung der Ordnung in der Hauptverhandlung primär dem Gericht (§ 176 GVG). Es ist aber Aufgabe des Staatsanwaltes, das Gericht hierbei zu unterstützen. Dies kann bis zur Anregung von Ordnungsmitteln (§ 178 GVG) oder des vorübergehenden Ausschlusses der Öffentlichkeit gehen (§ 172 Nr. 1 GVG).

217 Bei der Überlegung, wie auf Störungen zu reagieren ist, sollten Sie sich von dem Sinn der Vorschriften zur Sitzungspolizei in der Hauptverhandlung leiten lassen. Diese sollen einen ordnungsgemäßen Ablauf der Hauptverhandlung sicherstellen. Zu diesem Ablauf gehört es, dass die Hauptverhandlung angesichts der allgemeinen Bedeutung der Strafrechtspflege und der Bedeutung im Einzelfall für den Angeklagten, die Zeugen und die Öffentlichkeit mit dem gebotenen Ernst und in einer angemessenen Atmosphäre stattfindet. Hiergegen verstößt nicht schon jedes Verhalten, das prozessualen Vorschriften zuwiderläuft. Auch nicht jede gedankenlose Respektlosigkeit, die auf Unkenntnis des angemessenen Verhaltens vor Gericht beruht, stellt eine **Ungebühr** dar.

218 Als **Ungebühr** sollte man nur das Verhalten ansehen, dass erkennbar einen Angriff auf den ordentlichen Ablauf des Verfahrens oder auf die Ehre und Würde der Beteiligten darstellt. Dies ist natürlich teilweise Ansichtssache und auch abhängig von Zeit und Ort. Während früher das Erscheinen von Zeugen vor Gericht

X. Störungen in der Hauptverhandlung § 2

in Arbeitskleidung noch moniert wurde, wird es heute in der Regel nicht mehr beanstandet. Typisches Beispiel ist auch das inzwischen weit verbreitete Tragen von Mützen durch Jugendliche, die oft überhaupt keine Vorstellung davon haben, dass dies in der Regel als unangebracht betrachtet wird. In solchen Fällen ist darauf abzustellen, ob mit einem Verhalten erkennbar das Gericht herausgefordert werden soll. In der Regel führt die Aufforderung des Vorsitzenden, die Mütze abzunehmen oder das sichtlich vorhandene Kaugummi verschwinden zu lassen, dazu, dass dieser Aufforderung gefolgt wird. Folgt ein Betroffener dieser Aufforderung nicht, kann dies durchaus als bewusste Provokation des Gerichtes gewürdigt werden. In Betracht kommen hier auch Verhaltensweisen wie ostentatives Schwätzen mit anderen Personen oder Sitzenbleiben bei Eintreten des Gerichtes. Wenn das Gericht solches Verhalten abmahnt und der Mahnung des Gerichtes nicht gefolgt wird, erscheint es zur Wahrung des Respekts auch unbedingt geboten, Konsequenz zu zeigen und Ordnungsmaßnahmen anzuordnen.

Als Maßnahmen kommen hier nach den §§ 176–178 GVG verschiedene Möglichkeiten in Betracht. 219

Einfache Verstöße können mit einer **Ermahnung** oder **Rüge** geahndet werden. Als weitere Maßnahme kommt dann die Entfernung aus dem Sitzungssaal nach § 177 GVG in Betracht. Diese Entfernung aus dem Sitzungssaal erfordert kein Verschulden oder Vorsatz. Handelt der Störer ersichtlich mit dem Vorsatz, sich ungebührlich zu benehmen, kommt dann eine kurze **Ordnungshaft** (bis zu einer Woche) oder ein **Ordnungsgeld** bis zu 1000 EUR in Betracht (§ 178 GVG). Diese Maßnahmen werden vom Gericht durch Beschluss angeordnet und unmittelbar vollstreckt.

Der Sitzungsvertreter sollte sich allerdings hüten, mit Anregungen vorzupreschen und auf diese Weise das Gericht unter Zugzwang zu setzen. Insbesondere, wenn das Gericht erkennbar über ungebührliches Verhalten hinwegsehen will, kann sich für den Sitzungsvertreter eine schwierige Situation ergeben, die Fingerspitzengefühl erfordert. Denn einerseits kann ein Ignorieren von leichteren Fehlverhaltensweisen letztlich die Verhandlung beschleunigen und die Situation entschärfen. Andererseits sollte 220 der zunehmenden Tendenz, sich zu verhalten wie in einer TV-Gerichtsshow doch entgegengetreten werden. Im Einzelfall sollten Beifallsbekundungen von Zuhörern als Reaktion auf Aussagen oder Verhaltensweisen der Prozessbeteiligten ebenso wenig toleriert werden, wie mehrfaches dazwischenreden, wiederholte Unmutsäußerungen oder lautes Abtreten von Zeugen unter Gemecker und Zuschlagen der Saaltür. Angezeigt ist sicher ein Eingreifen des Sitzungsvertreters durch Ansprache der Störer und Hinweis auf die Möglichkeit der Verhängung von förmlichen Sanktionen. Bei entsprechend energischem Auftreten wird dies häufig die Störung erledigen.

§ 3 Verfahrensbeendigung durch Einstellung ohne Urteil

Spätestens nach Beendigung der Beweisaufnahme wird es häufig seitens des Verteidigers oder auch seitens des Gerichtes zu Anregungen und Erörterungen kommen, das Verfahren ohne Urteil durch Einstellung zu beenden.

221

Hierbei ist zu beachten, dass mit der Erhebung der öffentlichen Klage davon auszugehen ist, dass die vom ordentlichen Dezernenten geprüfte Frage der Einstellung nach einer **Ermessensvorschrift** aus guten Gründen und in Kenntnis der Aktenlage unter Berücksichtigung der Verfahrensweise in vergleichbaren Fällen negativ entschieden worden ist. Es ist nicht Aufgabe des Sitzungsvertreters, seine Ermessensentscheidung an die Stelle der Entscheidung des ordentlichen Dezernenten zu setzen. Dies gilt umso mehr, wenn er keine Kenntnis der Sachakten besitzt. Hierbei ist immer zu bedenken, dass es ein wichtiger Ausdruck des Prinzips der Gerechtigkeit und der Rechtssicherheit ist, dass vergleichbare Fälle auch vergleichbar verfolgt und geahndet werden und deren Ahndung nicht entscheidend davon abhängt, durch welchen Dezernenten oder Sitzungsvertreter sie bearbeitet werden. Außerdem ist bei der Entscheidung besonders zu bedenken, dass eine nicht sachgerechte Einstellung nicht durch ein Rechtsmittel angefochten werden kann und deshalb zu einer endgültigen Entscheidung über das Verfahren führt.

Soweit Anregungen seitens des Gerichtes oder des Verteidigers auf Einstellung des Verfahrens vor Ende der Beweisaufnahme erfolgen sollten, ist besondere Aufmerksamkeit geboten. Es ist sinnvoll, sich neben der Version des Angeklagten mindestens den Geschädigten anzuhören, bevor man sich über die mögliche Entscheidung bezüglich des Ausgangs des Verfahrens eine Meinung bildet. Sie werden nämlich gelegentlich erleben, dass, nachdem Sie die Version des Angeklagten gehört haben, man fast geneigt scheint, die Tat als Bagatelle einer Einstellung zuzuführen. Erscheint dann ein Zeuge oder der Geschädigte, sieht die Sache oft ganz anders aus. Hierbei ist auch zu berücksichtigen, dass in vielen Fällen Opfer bzw. Geschädigte lange auf die Gerichtsverhandlung gewartet haben und hoffen, das erlittene Unrecht schildern zu können und sanktioniert zu sehen. Kommen die Geschädigten nicht zu Wort und werden mit der bloßen Mitteilung, das Verfahren sei ohne ihre Aussage erledigt und ihre Vernehmung sei deshalb nicht erforderlich, entlassen, stößt dies bei den Geschädigten zu Recht auf Unverständnis und führt dazu, dass das Ansehen der Strafjustiz in der Allgemeinheit Schaden leidet. Ein Geschädigter oder auch ein Zeuge, der – vielleicht noch nach langem Warten auf dem Gerichtsflur – beiläufig ohne besondere Aufmerksamkeit durch Gericht und Staatsanwalt, von denen er sich Hilfe erhofft hat, entlassen wird, wird sich beim nächsten Male sicher nicht als Zeuge zur Verfügung stellen.

222 Anlass für die Prüfung einer Einstellung in der Hauptverhandlung sollten prinzipiell nur **neue Gesichtspunkte** aus der Hauptverhandlung sein, die dem Anklageverfasser aus den Akten nicht bekannt waren.

In diesem Zusammenhang ist praktisch natürlich für Sie als Referendar zunächst von entscheidender Bedeutung, ob Sie bei Ihrer Ausbildungsstaatsanwaltschaft Zustimmungserklärungen eigenständig erteilen dürfen, oder ob Sie vorher immer das Einverständnis eines Staatsanwaltes, sei es Ihres Ausbilders, sei es des Eildienst-/Bereitschaftsstaatsanwaltes einholen müssen.

223 Sehen Sie selbst keinerlei Grund der Zustimmung zu einer Einstellung zu erteilen, besteht für Sie grundsätzlich ohnehin keinerlei Anlass diesbezügliche telefonische Rückfragen vorzunehmen. Ansonsten müssen Sie natürlich entsprechend in Ihrer Ausbildungsbehörde angeordneten Verfahrensweise reagieren. Sollten Rücksprachen telefonisch erfolgen, ist darauf zu achten, dass dies ungestört und ohne Einflussnahme oder Mithören seitens Dritter geschehen kann. Denn hierbei handelt es sich um eine behördeninterne Besprechung innerhalb der Staatsanwaltschaft, die die Möglichkeit eines freien Gespräches von Seiten des Referendars voraussetzt.

I. § 153 StPO

Eine **Einstellung nach § 153 StPO** setzt voraus, dass nur ein Vergehen vorliegt, die Schuld als gering anzusehen wäre und kein öffentliches Interesse an einer Strafverfolgung besteht. Da bei dem Einzelrichter keine Verbrechen, sondern nur Vergehen verhandelt werden (§ 25 GVG), ist die erste Voraussetzung in der Hauptverhandlung vor dem Einzelrichter immer zu bejahen. Eine geringe Schuld setzt zunächst eine gewisse Wahrscheinlichkeit einer Verurteilung voraus. Ist dagegen eindeutig klar, dass der Angeklagte freizusprechen ist, ist für eine Einstellung nach § 153 StPO kein Raum. 224

Die Schuld ist dann gering, wenn sie im Vergleich zu Vergehen gleicher Art nicht erheblich über dem Rahmen liegt. Es sollte allenfalls eine Strafe im unteren Bereich zu erwarten sein, was in der Regel bei einer zu erwartenden kleineren Geldstrafe der Fall sein wird. Da – wie ausgeführt – in der Hauptverhandlung nur neue Gesichtspunkte zu einer von der Entscheidung des Dezernenten abweichenden Beurteilung führen sollten, kommen insoweit nur wenige Umstände in Betracht, die die Zustimmung zu einer Einstellung nach § 153 StPO erlauben. 225

Zunächst sollten Sie prüfen, ob nicht eine Einstellung nach § 153 StPO abzulehnen ist, weil insoweit das **öffentliche Interesse** ohnehin eine Verfolgung gebietet. Dies kann aus spezialpräventiven Überlegungen der Fall sein. Ist der Angeklagte strafrechtlich bereits vorbelastet oder sind gegen ihn bereits Verfahren nach § 153 StPO eingestellt worden, spricht dies gegen eine Einstellung. Aber auch generalpräventive Gesichtspunkte können einer Einstellung bei Straftaten, die besonders häufig vorkommen und bei deren Nichtverfolgung sich Ungesetzlichkeiten im Sozialleben einbürgern, entgegenstehen. Hier ist an Straßenverkehrsdelikte wegen vorsätzlicher Trunkenheit oder Betrugsdelikte zum Nachteil öffentlicher Kassen zu denken. Hier ist angesichts der zunehmenden Unsicherheit öffentlicher Räume auch an alle Delikte zu denken, die im Ergebnis gemeinschädlich sind und zu einer Verunsicherung der Allgemeinheit führen. Gewaltdelikte und Beleidigungsdelikte im öffentlichen Raum an Bus- oder Straßenbahnfahrern, 226

Politessen, Polizeibeamten ebenso wie Angriffe gegenüber Fremden im öffentlichen Raum und im öffentlichen Nahverkehr eignen sich für eine Einstellung aus generalpräventiven Gründen nicht. Gleiches gilt für solche Delikte, bei denen die Täter ohnehin nur selten ermittelt werden können, wenn dies ausnahmsweise einmal der Fall ist. Diese sollten dann, nicht eingestellt, sondern einer Verurteilung zugeführt werden. Dies gilt sowohl zB für Sachbeschädigungen an öffentlichem Eigentum in Form von Schmierereien an Gebäuden oder im öffentlichen Nahverkehr, aber auch für beziehungslose Sachbeschädigungen an Privateigentum wie parkenden Kraftfahrzeugen oder fremden Gebäuden.

227 Neue Gesichtspunkte, die in der Hautverhandlung die **Schuld gering** erscheinen lassen können und bei denen das öffentliche Interesse an einer Strafverfolgung zu verneinen sein kann, können vorliegen, wenn sich der Angeklagte mit dem Geschädigten versöhnt hat oder dieser kein Interesse an einer Strafverfolgung mehr hat. Hier kann insbesondere auch eine Schadenswiedergutmachung zu berücksichtigen sein. Schließlich kann dies aber auch zu bejahen sein, wenn ein nicht vorbelasteter Angeklagter aufgrund des erstmaligen Erlebens eines Gerichtsverfahrens erkennbar überdurchschnittlich belastet erscheint und durch die gegen ihn gerichtete Hauptverhandlung so beeindruckt erscheint, dass keine weiteren Taten zu erwarten sind.

228 Wenn eine **Ordnungswidrigkeit** und eine Straftat tateinheitlich zusammentreffen, ist es grundsätzlich möglich, das Verfahren nur hinsichtlich der Straftat nach § 153 StPO einzustellen (BGHSt 41,385). Dies geschieht im Ermittlungsverfahren, um der Ordnungswidrigkeitenbehörde die weitere Verfolgung als Ordnungswidrigkeit zu ermöglichen. In der Hauptverhandlung wird dies allerdings eher nicht in Betracht kommen.

229 Der Angeklagte muss der Einstellung natürlich **zustimmen**, nicht jedoch ein Nebenkläger. Dem Nebenkläger ist jedoch vorher rechtliches Gehör gemäß § 33a StPO zu gewähren.

230 Bevor Sie die Zustimmung zu einer Einstellung erteilen, ist generell auch **Nr. 90 RiStBV** zu berücksichtigen, der zwar unmittelbar nur für das Ermittlungsverfahren gilt, aber auch in der Hauptver-

handlung berücksichtigt werden soll. Nach Nr. 90 RiStBV soll der Staatsanwalt einer **Behörde oder einer öffentlichen Körperschaft**, die Strafanzeige erstattet hat oder sonst am Ausgang des Verfahrens interessiert ist, vor Einstellung Gelegenheit zur Stellungnahme geben. Ist also in einem solchen Fall ein Behördenvertreter anwesend, wird dieser vor der Einstellung hierzu zu hören sein. Das gilt für Strafanzeigen wegen Betruges zum Nachteil des Arbeits- oder des Sozialamtes oder für Verfahren, an denen das Finanzamt beteiligt ist. Grundsätzlich hat der Vertreter der Behörde zwar kein Vetorecht. Gleichwohl sollte nur bei Vorliegen guter Argumente gegen den Widerspruch des Behördenvertreters einer Einstellung nach § 153 StPO zugestimmt werden.

II. § 153a StPO

Die Erteilung einer Zustimmung zu **§ 153a StPO** ist hinsichtlich der grundsätzlichen Verfahrensweise ähnlich, wenn sich natürlich die Voraussetzungen nach dem Gesetz auch unterscheiden.

231

Eine Einstellung nach § 153a StPO kommt bei Vergehen dann in Betracht, wenn ein öffentliches Interesse an der Strafverfolgung zwar besteht, aber Auflagen oder Weisungen geeignet erscheinen, das öffentliche Interesse an der Strafverfolgung zu beseitigen. Auch darf die Schwere der Schuld nicht entgegenstehen.

Wegen der erforderlichen Wahrscheinlichkeit einer Schuldfeststellung darf hier ein fälliger Freispruch erst recht nicht umgangen werden. Vielmehr darf in der Hauptverhandlung eine Einstellung nach § 153a StPO nur erfolgen, wenn nach dem gegenwärtigen Stand der Beweisaufnahme andernfalls mit einer Verurteilung zu rechnen wäre. Anders als bei § 153 StPO, bei dem ein öffentliches Interesse an der Strafverfolgung nicht besteht, setzt eine Einstellung nach § 153a StPO nicht voraus, dass die Schuld gering erscheint. Eine Einstellung kommt in Betracht, wenn das öffentliche Interesse an der Strafverfolgung und die bestehende Schuld durch bestimmte Maßnahmen kompensiert werden können.

232

Auch hier können kriminalpolitische Erwägungen einer Einstellung in der Regel entgegenstehen. Bei vorsätzlichen Straftaten gegen eine Person, fahrlässiger Tötung, Straftaten im Zusammen-

233

hang mit vorsätzlicher Trunkenheit im Straßenverkehr oder wenn der Angeklagte wegen eines gleichen oder im Unrechtgehalt vergleichbaren Deliktes in näher zurückliegender Zeit schon einmal bestraft worden ist oder ein Verfahren nach § 153a StPO eingestellt worden ist, wird eine Einstellung nach § 153a StPO in der Regel nicht angezeigt erscheinen.

Bei der Entscheidung über eine Einstellung nach § 153a StPO können auch **prozessökonomische Gedanken** berücksichtigt werden. Wäre ansonsten eine langwierige Beweisaufnahme mit der Vernehmung zahlreicher Zeugen erforderlich, die in keinem Verhältnis zu der zu erwartenden Strafe und der Schwere der Schuld steht, kann eine Einstellung nach § 153a StPO in Betracht kommen. Allerdings dürfen prozessökonomische Überlegungen zwar mitberücksichtigt werden, aber nicht zum ausschlaggebenden Kriterium werden. Schließlich ist auch noch zu berücksichtigen, dass eine Einstellung nach § 153a StPO für den Angeklagten den Vorteil hat, dass sie nicht in das Bundeszentralregister eingetragen wird.

Zu beachten ist, dass der **Katalog der Auflagen und Weisungen** nicht abschließend ist.

Häufigste Auflage ist die des § 153a Abs. 1 Ziff. 2 StPO, die Auflage einer **Geldzahlung**.

Hierbei handelt es sich um die Auflage einen bestimmten Betrag – häufig in sechs monatlichen Raten – zu zahlen

- entweder an die Staatskasse oder
- an einen gemeinnützigen Verein.

Zahlungsauflagen an die Staatskasse bieten insoweit keinerlei Schwierigkeiten. Bei Zahlungsauflagen an einen gemeinnützigen Verein wird das Gericht einen Vorschlag machen, dem der Sitzungsvertreter in der Regel folgen kann. Bei der Wahl des Zahlungsempfängers können die Besonderheiten des Einzelfalls berücksichtigt werden und ein Zahlungsempfänger gewählt werden, dessen Zweck einen Bezug zu dem Delikt aufweist.

Als weitere mögliche Auflagen kommen gemäß § 153a Abs. 1 Ziff. 3 StPO **die Erbringung gemeinnütziger Leistungen,** in der

II. § 153a StPO § 3

Regel in der Form von Arbeitsleistungen in öffentlichen Einrichtungen, in Betracht.

Außerdem wird in Ihrer Praxis, zu der auch Verfahren wegen Verletzung der Unterhaltspflicht gemäß § 170 StGB gehören werden, insbesondere noch gemäß § 153a Abs. 1 Ziff. 4 StGB die Auflage, **Unterhaltsleistungen** zu erbringen, in Betracht kommen. 237

Erfahrungsgemäß erfordert die Überwachung dieser Auflage einen erheblichen Aufwand, da die Angeklagten häufig sehr zögerlich zahlen. Oft muss später wegen der Nichterfüllung der Auflage auch das Verfahren wieder aufgenommen werden, so dass sich hier eine erhebliche Zurückhaltung empfiehlt.

Als mögliche Auflage sei hier noch der in § 153a Abs. 1 Ziff. 5 StPO ausdrücklich erwähnte **Täter-Opfer-Ausgleich** genannt. Danach kommt eine Einstellung gegen die Auflage in Betracht, sich **ernsthaft** zu bemühen, einen Ausgleich mit dem Verletzten zu erreichen (Täter-Opfer-Ausgleich) und dabei seine Tat ganz oder zum überwiegenden Teil wieder gut zu machen oder deren Wiedergutmachung zu erstreben. 238

Bei dem Täter-Opfer-Ausgleich nach § 46a StGB handelt es sich um einen fakultativ vertypten Strafmilderungsgrund. Nach § 46a StGB kann das Gericht die Strafe gemäß § 49 Abs. 1 StGB mildern oder, wenn keine höhere Strafe als ein Jahr Freiheitsstrafe oder eine Geldstrafe von 360 Tagessätzen verwirkt ist, von Strafe absehen, wenn 239

- der Angeklagte in dem Bemühen, einen Ausgleich mit dem Verletzten zu erreichen, seine Tat ganz oder zum überwiegenden Teil wiedergutgemacht hat oder deren Wiedergutmachung ernsthaft erstrebt oder
- in einem Fall, in welchem die Schadenswiedergutmachung von ihm erhebliche persönliche Leistungen oder persönlichen Verzicht erfordert hat, das Opfer ganz oder zum überwiegenden Teil entschädigt.

In Abweichung zu der Vorschrift des § 46a StGB reicht bei einer Auflage des § 153a StPO nicht das einfache Bemühen aus, sondern der Angeklagte muss sich **ernsthaft** bemühen. Durch die Einführung des § 153a Abs. 1 Ziff. 5 StPO sollte eine einfachere und 240 häufiger Anwendung des Täter-Opfer-Ausgleichs ermöglicht werden.

Zwar stehen im Strafgesetzbuch Wiedergutmachungseffekte nicht im Vordergrund. Gleichwohl sollte auf diese Weise dem Opfer die Möglichkeit eröffnet werden, die durch die Tat und das anschließende Verfahren eingetretenen Belastungen auch psychischer Natur abzubauen. Dem Täter sollte die Möglichkeit eröffnet werden, durch die Konfrontation mit dem Opfer und den durch das Opfer erlittenen Schäden Einsicht in das begangene Unrecht zu gewinnen und sich von der Tat zu distanzieren. Der Täter-Opfer-Ausgleich erfordert vom Angeklagten ein ernsthaftes Bemühen in der Form eines kommunikativen Prozesses, an dem auch das Opfer teilnimmt. Ist das Opfer nicht zur Aufnahme eines Täter-Opfer-Ausgleichs mit dem Angeklagten bereit, so kommt eine solche Einstellung nicht in Betracht. In Fällen kleinerer Kriminalität, in dem sowohl Angeklagter als auch Opfer hierzu bereit sind, kann eine Einstellung gegen die Auflage der Durchführung eines Täter-Opfer-Ausgleiches aber durchaus in Betracht gezogen werden. Hier sind zum Beispiel geringfügigere Körperverletzungshandlungen aber auch kleinere Diebstahls- oder Betrugstaten zu nennen.

241 Schließlich kommen auch die Teilnahme an einem **Aufbauseminar für alkoholauffällige Verkehrstäter** (§ 153a Abs. 1 Ziff. 7 StPO) oder an einem sozialen **Trainingskurs oder einem Antiaggressionstraining** (§ 153a Abs. 1 Ziff. 6 StPO) in Betracht.

242 Zur Erfüllung der Auflagen und Weisungen kann bei der Auflage, Unterhaltspflichten zu erfüllen eine **Frist** von bis zu einem Jahr, ansonsten eine Frist von bis zu **sechs Monaten** gesetzt werden. Die gesetzte Frist kann nur einmal für die Dauer von drei Monaten verlängert werden. Da es dem Angeklagten unbenommen bleibt, die erteilte Auflage auch schneller zu erfüllen, hat es sich in der Praxis eingebürgert, eine Frist von sechs Monaten einzuräumen. Ausgenommen sind solche Geldauflagen, die der Angeklagte aufgrund der Höhe unmittelbar in einer Zahlung kurzfristig leisten kann und soll.

III. § 154 StPO (Mehrfachtäter)

Die Möglichkeit der Einstellung einer Tat oder eines gesamten Verfahrens nach § 154 StPO bei Mehrfachtätern soll in erster Linie einer Vereinfachung der Strafrechtspflege dienen, indem die **Strafverfolgungsorgane entlastet** werden. Die Einstellung strebt eine Verfahrensbeschleunigung durch einen Teilverzicht auf Strafverfolgung an. Das bedeutet, dass diese Möglichkeit der Einstellung zwar den Mehrfachtäter gegenüber dem nicht vorbelasteten Ersttäter privilegiert und in seinem Interesse liegt, jedoch gerade nicht in seinem Interesse geschaffen worden ist.

243

Grundsätzlich kommt eine Einstellung nach § 154 StPO in zwei Alternativfällen in Betracht:

Zum ersten kann von einer weiteren Verfolgung einer Straftat abgesehen werden, wenn die zu erwartende Strafe neben einer anderen (Bezugs-)Strafe, die gegen den Angeklagten wegen einer anderen Tat verhängt oder zu erwarten ist, **nicht beträchtlich ins Gewicht fallen würde** (§ 154 Abs. 1 Ziff. 1 StPO). Zum zweiten kann von der Verfolgung auch dann abgesehen werden, wenn ein Urteil in dieser Sache nicht in angemessener Frist zu erwarten ist, und die andere Verurteilung zur Einwirkung auf den Angeklagten und zur Verteidigung der Rechtsordnung ausreichend erscheint (§ 154 Abs. 1 Ziff. 2 StPO).

244

Im Stadium der Hauptverhandlung entscheidet über die Einstellung das Gericht ebenso wie bei §§ 153, 153a StPO durch Beschluss. Im Gegensatz zu den Einstellungen nach §§ 153, 153a StPO ist jedoch nicht nur eine Zustimmung der Staatsanwaltschaft erforderlich, vielmehr muss der Sitzungsvertreter die Einstellung **beantragen**. Häufig werden entweder der Verteidiger oder das Gericht eine Einstellung nach § 154 StPO anregen. Bei der Prüfung, ob Sie der Anregung folgen und einen Antrag auf Einstellung nach § 154 StPO stellen, ist ebenso wie bei den Einstellungen wegen Geringfügigkeit nach §§ 153, 153a StPO von besonderer Bedeutung, dass der Anklageverfasser im Hinblick auf die zum Zeitpunkt der Anklageerhebung bekannten Verurteilungen und auch anhängigen Ermittlungsverfahren diese Frage natürlich geprüft hat und trotz der Zeit- und Arbeitsersparnis im

245

Verhältnis zu einer Anklageerhebung negativ entschieden hat. Anlass einer Prüfung durch Sie als Sitzungsvertreter sollten deshalb also grundsätzlich nur solche Bezugsverfahren sein, die entweder zeitlich nach der Anklageerhebung anhängig geworden sind oder aus anderen Gründen dem Anklageverfasser offensichtlich und zweifelsfrei nicht bekannt waren. Hier empfiehlt es sich auch besonders die Handakten auf entsprechende Vermerke zu überprüfen. Denn es kann durchaus sein, dass das Gericht nach Anklageerhebung bereits einmal die Sachakten unter Hinweis auf eine andere neue Sache an den Dezernenten mit der Anregung zurückgesandt hat, das Verfahrens nach § 154 StPO einzustellen und der Dezernent dieser Anregung nicht gefolgt ist. Wenn ein entsprechender Vermerk in der Handakte vorhanden ist, verbietet es sich in der Regel für den Sitzungsvertreter diese Entscheidung des ordentlichen Dezernenten durch eine abweichende Ermessensausübung zu konterkarieren.

246 Liegt dagegen eine **neue Verurteilung oder ein neues Ermittlungsverfahren** vor, so kann der Sitzungsvertreter die Voraussetzungen des § 154 StPO prüfen und gegebenenfalls einen Antrag auf Einstellung stellen. Zunächst ist auch hier vorweg zu sagen, dass eine Einstellung nach § 154 StPO nicht in Betracht kommt, wenn hinsichtlich des Tatvorwurfes nach der Beweislage ein Freispruch zu erwarten ist. Auch die Möglichkeit der Einstellung nach § 154 StPO ist nicht eröffnet, um einen fälligen Freispruch zu umgehen.

247 Praxisrelevant wird meist die Alternative des § 154 Abs. 1 Ziff. 1 StPO sein. Diese erfordert eine relative Geringfügigkeit der einzustellenden Tat und der zu erwartenden Rechtsfolge im Hinblick auf die Bezugstat und deren Sanktion. Dementsprechend kann die Tat, die eingestellt wird, durchaus auch nicht unerheblich sein. Es kommt allein darauf an, dass die zu erwartende Rechtsfolge im Hinblick auf die Bezugstat nicht beträchtlich ins Gewicht fallen würde. Die Beantwortung dieser Frage erfordert logischerweise einen **Vergleich der hypothetisch zu erwartenden Rechtsfolge mit der Rechtsfolge der Bezugstat.** Soll eine Einstellung im Hinblick auf ein noch nicht abgeschlossenes Verfahren erfolgen, ist eine zweifache Prognose sowohl der Rechtsfolgen in Ihrem Verfahren als auch der zu erwartenden Rechtsfolgen im Bezugsverfahren er-

III. § 154 StPO (Mehrfachtäter) § 3

forderlich. Soll hingegen eine Einstellung im Hinblick auf eine schon erfolgte Verurteilung erfolgen, müssen Sie natürlich nur eine Prognose bezüglich der in Ihrem Verfahren zu erwartenden Strafe treffen. Insoweit wird gelegentlich auch das Gericht eine vorsichtige Einschätzung der zu erwartenden Rechtsfolge abgeben, um Ihnen die Entscheidung zu erleichtern.

Unabhängig vom Einzelfall lässt sich als generelle Richtschnur festhalten, dass eine Geldstrafe in der Regel im Verhältnis zu einer Freiheitsstrafe nicht beträchtlich ins Gewicht fallen würde. Das gilt bei einer zu verbüßenden Freiheitsstrafe, jedoch auch eine Freiheitsstrafe, deren Vollstreckung zur Bewährung ausgesetzt worden ist, wird eine Einstellung nach § 154 StPO hinsichtlich einer in Betracht kommenden Geldstrafe erlauben. Etwas anderes kann allerdings gelten, wenn die Geldstrafe von der Anzahl der Tagessätze und der Höhe des einzelnen Tagessatzes sehr hoch und die Freiheitsstrafe sehr niedrig erscheint. Eine geringe Freiheitsstrafe, deren Vollstreckung zur Bewährung auszusetzen ist, wird neben einer zu verbüßenden Freiheitsstrafe, insbesondere einer mehrjährigen Freiheitsstrafe, nicht beträchtlich ins Gewicht fallen. Wenn die Strafe der Tat, wegen der eine Einstellung erwogen wird, mit der Bezugsverurteilung **gesamtstrafenfähig** ist, kommt es für die Frage nach dem Verhältnis nicht darauf an, ob die zu erwartende Einzelstrafe geringer oder genau so hoch wie die Einzelstrafen der Bezugstat sind. Vielmehr ist darauf abzustellen, ob die zu erwartende Einzelstrafe bei Einbeziehung und Bildung der neuen Gesamtstrafe zu einer erheblichen Erhöhung der Gesamtstrafe führen würde. Ist dies nicht der Fall, so können die Voraussetzungen des § 154 Abs. 1 Ziff. 1 StPO bejaht werden. Ist zum Beispiel eine Freiheitsstrafe von 6 Monaten zu erwarten und die Bezugsgesamtstrafe beträgt ein Jahr, gebildet aus drei Einzelstrafen von je sechs Monaten, so wird die neue Gesamtstrafe durch die zusätzliche Einzelstrafe nur geringfügig erhöht werden, so dass eine Einstellung in Betracht kommt.

Seltener werden die Voraussetzungen einer Einstellung nach **§ 154 Abs. 1 Ziff. 2 StPO** in Betracht kommen. Diese Einstellungsmöglichkeit ist nämlich in erster Linie für große, umfangreiche Verfahren gedacht. Auf diese Weise soll eine Beschränkung

| § 3 | Verfahrensbeendigung durch Einstellung ohne Urteil |

des Verfahrensstoffes ermöglicht werden, um solche Verfahrensteile auszuscheiden, wegen deren in angemessener Frist eine Verurteilung nicht zu erwarten ist. Weitere Voraussetzung ist hier, dass andere Verfahrenteile angeklagt sind, über die in vergleichsweise kürzerer Zeit ein Urteil gesprochen werden kann, das den dem materiellen Strafrecht zu entnehmenden Strafzwecke Genüge leistet.

250 Schließlich ist noch von Bedeutung, ob in Ihrer Verhandlung lediglich eine Tat angeklagt ist, oder ob **bereits mehrere Taten angeklagt** sind. Wenn in Ihrem Verfahren mehrere Taten angeklagt sind, und lediglich eine Einstellung nach § 154 StPO einer Tat im Hinblick auf die anderen Taten angeregt wird, ist es erlaubt, den prozessökonomischen Gesichtspunkten mehr Gewicht beizuordnen. Ist nämlich die schwergewichtigere Tat verurteilungsreif, während die leichtere Tat aufgrund der Nichtanwesenheit von Zeugen oder sonstigen Beweismitteln eine Vertagung erfordern würde, so kann durchaus aus Gründen der Prozessökonomie ein etwas geringerer Maßstab an die Vergleichsprognose gestellt werden. Wichtig ist in diesen Fällen aber, dass wegen der Bezugstat auch tatsächlich eine Verurteilung zu erwarten ist. Es passiert gelegentlich, dass ein Verfahren durch eine Einstellung gemäß § 154 StPO auf eine Tat beschränkt wird, bezüglich deren hinterher ein Freispruch erfolgt. In einem solchen Fall ist gerade keine Verfahrensbeschleunigung eingetreten, weil nun zwingend das Verfahren wegen der eingestellten Tat wieder aufgenommen und erneut verhandelt werden muss. Insbesondere wenn die Anregung auf Teileinstellung vom Verteidiger vorgenommen wird, der zum einen hiermit auch taktische Zwecke verfolgen und zum anderen hinsichtlich der Einschätzung des verbleibenden Teils einem Irrtum unterliegen kann, ist sehr sorgfältig zu erwägen, ob die Verurteilungsprognose hinsichtlich der verbleibenden Tat sicher ist. Erscheint Ihnen für die Bezugstat ein Freispruch nicht sicher ausgeschlossen, so kommt eine Einstellung nicht infrage.

251 Prozessual ist noch von Bedeutung, dass insbesondere eine **Zustimmung des Angeklagten zu einer Einstellung nach § 154 StPO nicht erforderlich ist.** Aber auch eine Zustimmung eines eventuell vorhandenen Nebenklägers ist nicht erforderlich, so dass bei be-

stimmten Konstellationen zur Verfahrensbeschleunigung auch eine Einstellung nach § 154 StPO gegen den Willen des Angeklagten oder des Nebenklägers zu erwägen sein kann.

IV. § 154a StPO (Beschränkung)

Die Einstellung bzw. Beschränkung des Verfahrens nach § 154a StPO dient in erster Linie verfahrensökonomischen Zielen, indem das Verfahren durch die Beschränkung auf die wesentlichen Tatteile vereinfacht und beschleunigt wird. Eine Beschränkung nach § 154a StPO setzt voraus, dass **einzelne abtrennbare Teile einer Tat oder einzelne von mehreren Gesetzesverletzungen, die durch dieselbe Tat begangen worden sind,** für die zu erwartende Strafe nicht beträchtlich ins Gewicht fallen würden. Der Unterschied zur Einstellung nach § 154 StPO besteht darin, dass nach § 154 StPO von der Strafverfolgung einer Tat bei einem Mehrfachtäter abgesehen wird, während bei § 154a StPO nur eine Tat vorliegt, die aufgrund der Beschränkung nicht hinsichtlich aller in Betracht kommenden Teile oder Delikte verfolgt wird. Prozessual ist im Gegensatz zu § 154 StPO kein Antrag erforderlich, sondern lediglich eine Zustimmung wie bei den §§ 153, 153a StPO. Die Zustimmung des Angeklagten ist hingegen ebenso wenig erforderlich wie die Zustimmung des Nebenklägers.

252

Die rechtlichen Voraussetzungen sind ansonsten ähnlich wie bei § 154 StPO. Abtrennbare Teile einer Tat sind solche Teile, die zwar insgesamt mit der sonstigen Tat einen **einheitlichen Lebenssachverhalt** und damit eine Tat im prozessualen Sinn nach § 264 StPO darstellen, die aber gleichwohl weggedacht werden können, ohne dass die prozessuale Tat entfällt. Dies können zum Beispiel bei dem Vorwurf einer falschen Aussage Teile einer Aussage sein, wenn in einer falschen Aussage mehrere inhaltlich unwahre Behauptungen enthalten sind. Sinn dieser Beschränkungsmöglichkeit ist es, das Verfahren auf solche Teile zu beschränken, die wesentlich sind und zu vermeiden, dass wegen unwesentlicher Tatteile die Beweisaufnahme erheblich erschwert oder verzögert wird. Ist in dem Beispielsfall einer falschen Aussage ein Teil der Aussage als falsch festgestellt und wäre für eine andere Behauptung die Anhörung zahlreicher Zeugen, die möglicherweise erst in

253

einem Fortsetzungstermin zu laden wären, erforderlich, so kann auf diese Weise das Verfahren auf die bewiesene Falschbehauptung beschränkt und verkürzt werden.

254 Die Möglichkeit der Beschränkung geht aber über abtrennbare Teile einer prozessualen Tat hinaus, indem sogar einzelne von mehreren Gesetzesverletzungen, die tateinheitlich im Sinne des § 52 StGB zusammentreffen, durch eine vorläufige Beschränkung ausgeschieden werden können. Eine Beschränkung kann zum Beispiel erfolgen bei tateinheitlichem Zusammentreffen von §§ 263, 267 StGB, wenn ein Delikt hinreichend sicher feststeht, während zum Nachweis des anderen Deliktes weitere Beweiserhebungen, zB durch Einholung eines Sachverständigengutachtens erforderlich wäre.

V. § 206a StPO/§ 260 Abs. 3 StPO (Verfahrenshindernis/Einstellungsurteil)

255 Ergibt sich in der Hauptverhandlung die Existenz eines Verfahrenshindernisses wird das Verfahren durch Einstellungsurteil nach § 260 Abs. 3 StPO eingestellt. Diese Vorschrift korrespondiert mit der Möglichkeit, das Verfahren nach § 206a StPO außerhalb der Hauptverhandlung einzustellen. Verfahrenshindernisse sind alle Umstände, die der Zulässigkeit des Verfahrens dauernd entgegenstehen.

Verfahrenshindernisse sind zum Beispiel
- Strafklageverbrauch,
- anderweitige Rechtshängigkeit,
- fehlender Strafantrag, der nicht nachgeholt werden kann (in Fällen, in denen auch nicht das öffentliche Interesse nachgeholt werden kann),
- Verjährung,
- dauernde (sonst vorläufige Einstellung nach § 205 StPO) Verhandlungsunfähigkeit.

256 Die **Kostenentscheidung** folgt § 467 StPO. Wird das Verfahren wegen Rücknahme eines Strafantrages eingestellt, hat der Antragsteller nach § 470 S. 1 StPO die Kosten und notwendigen Ausla-

gen zu tragen, sofern sich der Angeklagte nicht zur Übernahme bereit erklärt (§ 470 S. 2 StPO).

▶ **Praxistipp:** Zu einem Einstellungsurteil wird es in den von Ihnen vor den Amtsgerichten verhandelten Fällen in der Regel nur bei einer Strafantragsrücknahme kommen. Die in diesem Fall bestehende Kostentragungspflicht ist Antragstellern oftmals nicht bekannt. Weisen Sie einen „wankelmütigen Zeugen" daher ruhig auf diese Pflicht hin. Oftmals wird der Strafantrag dann nicht zurückgenommen werden. ◀

Ist dennoch ein Einstellungsurteil veranlasst, entfällt das Plädoyer, allerdings tritt an dessen Stelle ein Antrag auf Einstellungsurteil, der zu begründen ist.

▶ DIESER LAUTET DANN ZUM BEISPIEL: Ich beantrage, das Verfahren gemäß § 260 Abs. 3 StPO einzustellen, weil Verjährung eingetreten ist. ◀

VI. Kosten-/Nebenentscheidungen bei Einstellungen

Erwägen Sie einer Einstellung zuzustimmen, so ist es angezeigt, vor der Erteilung der Zustimmung mit dem Gericht und dem Verteidiger zu klären, wie die **Kostenentscheidung** aussehen soll. Bei einer Einstellung nach einer Ermessensvorschrift gilt nach dem Gesetz im Grundsatz wie bei einem Freispruch, dass Kosten und notwendige Auslagen des Angeklagten der Staatskasse aufzuerlegen sind (§ 467 Abs. 1 StPO). Da unter die notwendigen Auslagen insbesondere auch die Rechtsanwaltsgebühren fallen, handelt es sich hierbei nicht um einen unerheblichen Betrag, sondern um eine Summe, die gerade in Verfahren vor dem Einzelrichter durchaus der in Betracht kommenden Geldstrafe nahekommen kann. Allerdings erlaubt § 467 Abs. 4 StPO dem Gericht bei einer Einstellung nach einer Ermessensvorschrift davon abzusehen, die notwendigen Auslagen der Staatskasse aufzuerlegen. Bei der Entscheidung über diese Frage darf auch auf die Stärke des Tatverdachtes abgestellt werden. Jedoch verbietet die Unschuldsvermutung dem Gericht dem Angeklagten über Verdachtserwägungen hinaus strafrechtliche Schuld zuzuweisen, ohne dass diese prozessordnungsgemäß festgestellt ist.

259 Natürlich kann der Angeklagte sich aber bereit erklären, seine notwendigen Auslagen zu tragen. In einem solchen Fall kommt eine Belastung der Staatskasse schon aus Rechtsgründen nicht in Betracht. Kann eine vom Sitzungsvertreter für richtig erachtete Kostenverteilung nicht erreicht werden, so muss er besonders sorgfältig prüfen, ob er gleichwohl eine Zustimmung zur Einstellung erteilen will. Auch ist vor Erteilung der Zustimmung zu prüfen, ob im Falle eines Urteils Nebenentscheidungen zu treffen wären und in welcher Weise.

Es kommen Entscheidungen über sichergestellte Beweismittel oder Gelder oder auch bezüglich einer beschlagnahmten Fahrerlaubnis des Angeklagten in Betracht. Insbesondere kommen hier auch Entscheidungen nach dem Gesetz über die Entschädigung für Strafverfolgungsmaßnahmen (StrEG) in Betracht, über die Einzelheiten im Zusammenhang mit dem Schlussantrag ausgeführt werden.

260 Stünden dem Angeklagten die **Herausgabe von Asservaten oder die Zubilligung von Entschädigungsansprüchen** zu, so muss überlegt werden, ob eine Zustimmungserklärung nicht nur dann erteilt wird, wenn der Angeklagte auf eventuelle Ansprüche verzichtet. Gibt der Angeklagte eine Verzichtserklärung ab, ist diese zur Vermeidung späterer Unstimmigkeiten in das Hauptverhandlungsprotokoll aufzunehmen.

§ 4 Plädoyer

I. Vorbereitung

Kommt es nicht zu einer Verfahrenserledigung durch Einstellung, nähert sich Ihr staatsanwaltlicher Schlussantrag.

Eine Überlegungspause erhalten Sie, wenn der Angeklagte unter Bewährung steht. In diesem Fall wird in der Regel vor Ihrem Schlussantrag der Bewährungshelfer einen Bericht abgeben. Dieser Bericht verhält sich in erster Linie zu dem Verlauf der Bewährung, also dazu, ob der Angeklagte regelmäßig Kontakt zu seinem Bewährungshelfer gehalten und etwaige Bewährungsauflagen erfüllt hat. Häufig können Sie auch diesem Bericht wertvolle Informationen für Ihren Schlussvortrag entnehmen.

261

Das Plädoyer sollten Sie, wenn irgend möglich, **frei halten**. Ein frei vorgetragenes Plädoyer ist einem abgelesenen Vortrag immer vorzuziehen. In der Regel wird es sich schon aufgrund der Kürze der einzelnen Strafsachen und des relativ geringen Umfanges aus praktischen Erwägungen beim Amtsgericht und insbesondere beim Einzelrichter nicht anbieten, die wesentlichen Gedanken oder gar das ganze Plädoyer schriftlich niederzulegen und dann vorzulesen oder auswendig zu lernen. Allein sinnvoll ist es, sich den eigentlichen Antrag – allerdings ebenfalls nicht ausformuliert – und eventuelle Nebenanträge zu notieren. Zu weiteren Ausführungen sind allenfalls einige Stichworte zu notieren. Nur als Hilfestellung für den Anfang habe ich im Anhang ein Notizformular aufgenommen, in das Sie während der Verhandlung Ihre Notizen aufnehmen können und ein Gerüst für das Plädoyer finden.

262

Meistens werden Sie auch eine Unterbrechung vor dem Plädoyer nicht benötigen. Wenn aber tatsächlich einmal die Beweisaufnahme umfangreich und schwierig war oder die rechtliche Einordnung weiterer Überlegungen bedarf, dürfen Sie sich in solchen Fällen andererseits auch nicht scheuen, ausnahmsweise um eine kurze Unterbrechung zu bitten. Denn in einem solchen Fall wird auch der Strafrichter nach dem letzten Wort des Angeklagten nicht unvermittelt aufstehen und das Urteil verkünden können, sondern auch er wird etwas Überlegungszeit benötigen, abgese-

263

hen davon, dass der Urteilstenor ohnehin schriftlich notiert und abgelesen wird.

264 Wichtig beim Plädoyer ist es, die Adressaten anzusprechen und zu erreichen. Das sind das Gericht, wobei beim Schöffengericht besonderer Wert auf die Ansprache der Schöffen gelegt werden sollte, Verteidiger und Angeklagter. Es ist Ihre Aufgabe mit dem Plädoyer zur Ergründung des wahren Sachverhaltes bei den Personen beizutragen, die zur Entscheidung oder Mitwirkung berufen sind.

II. Aufbau und Gegenstand des Plädoyers bei Antrag auf Verurteilung

265 1) Der **Aufbau** des Plädoyers entspricht im klassischen Normalfall bei Verurteilung weitgehend dem eines **erstinstanzlichen Urteils**.

Also kann das Plädoyer so aufgebaut werden:
1. Sachverhalt,
2. Beweiswürdigung,
3. rechtliche Würdigung,
4. Strafzumessung
5. der eigentliche Antrag,
6. die Nebenanträge.

266 Mitentscheidend für die Qualität eines Plädoyers ist die richtige Setzung der Schwerpunkte. In einem einfach gelagerten Sachverhalt, zB bei einem Ladendiebstahl eines geständigen Täters dürften natürlich die Punkte 1. bis 3. nur wenige Sätze erfordern. Wichtig sollte aber in allen Fällen sein zumindest einige Argumente zur Strafzumessung aufzuführen, und zwar sowohl solche, die zulasten des Angeklagten sprechen als auch solche, die zu seinen Gunsten sprechen. Die erforderliche Objektivität gebietet es immer auch die zugunsten des Angeklagten sprechenden Umstände zu berücksichtigen. Der Aufbau des Plädoyers ist aber nicht zwingend. Zur sprachlichen Aufhellung kann auch zum Beispiel mit der Beweiswürdigung begonnen werden, um im Anschluss danach den festgestellten Sachverhalt darzustellen.

II. Aufbau und Gegenstand des Plädoyers bei Antrag auf Verurteilung   § 4

Da der eigentliche Antrag, in dem das Plädoyer endet, auf den Tenor des Urteils gerichtet ist, benötigen Sie für das Plädoyer Kenntnisse über die Urteilsfassung sowie in den meisten Fällen auch der Strafenbildung und der Strafzumessung.

2) Das **Urteil und die Verkündung der Urteilsformel** sind in § 260 StPO geregelt.

Das Urteil muss den durch den Eröffnungsbeschluss umgrenzten Prozessstoff in persönlicher und sachlicher Hinsicht erschöpfen.

Dies bezieht sich auf jede Tat im prozessualen Sinne des § 264 StPO, die Gegenstand des Verfahrens ist, also das gesamte Verhalten des Angeklagten soweit es nach natürlicher Lebensauffassung als einheitlicher geschichtlicher Vorgang zu werten ist. Hierbei muss das Urteil vom Eröffnungsbeschluss ausgehen und über den hierin enthaltenen strafrechtlichen Vorwurf entscheiden.

Betrifft der Eröffnungsbeschluss nur **eine einzige prozessuale Tat**, erfolgt einheitlich nur eine Verurteilung oder ein Freispruch. Dies gilt auch, wenn in Abweichung von der rechtlichen Qualifikation des Eröffnungsbeschlusses statt wegen Unterschlagung wegen Diebstahls verurteilt wird oder eine rechtliche Qualifikation abweicht. Dies gilt insbesondere aber auch, wenn im Eröffnungsbeschluss mehrere Straftatbestände in Tateinheit im Sinne des § 52 StGB angenommen worden sind. Fällt ein Straftatbestand weg, so ergeht kein Teilfreispruch, auch nicht, wenn es sich um den schwereren Tatbestand handelt. Teilfreispruch bei Annahme von Tateinheit im Eröffnungsbeschluss kommt nur dann in Betracht, wenn diese rechtliche Würdigung schon aufgrund des Sachverhaltes der Anklage falsch war und vielmehr selbstständige Taten vorlagen, von denen eine nach dem Ergebnis der Hauptverhandlung nicht mehr vorliegt.

Liegen nach dem Eröffnungsbeschluss **mehrere prozessuale Taten** im Sinne des § 264 StPO vor oder sind mehrere Delikte in Tatmehrheit gemäß § 53 StGB eröffnet worden und werden hiervon einzelne nach dem Ergebnis der Hauptverhandlung nicht bewiesen, so muss diesbezüglich ein Freispruch, also genauer ein Teilfreispruch, erfolgen.

§ 4 Plädoyer

271 Für die Entscheidung, welche Taten dem Angeklagten nachgewiesen worden sind, gilt gemäß **§ 261 StPO der Grundsatz der freien Beweiswürdigung**. Dieser Grundsatz bestimmt, dass das Gericht aus dem Inbegriff der Hauptverhandlung nach seiner freien Entscheidung die Beweise würdigt, ohne an Beweisregeln gebunden zu sein. Es handelt sich also nicht um eine Beweis-, sondern um eine Entscheidungsregel, die nicht auf die einzelnen Beweise, sondern erst auf die Gesamtbeweislage zu beziehen ist. Für die Verurteilung reicht ein nach der Lebenserfahrung ausreichendes Maß an Sicherheit, dem gegenüber vernünftige Zweifel nicht mehr aufkommen, wobei diese Gewissheit auf einer objektiven Tatsachengrundlage beruhen muss. Es müssen natürlich die Gesetze der Logik und Naturwissenschaften beachtet werden. Ein rein theoretischer Zweifel ist jedoch nicht zu berücksichtigen. Vermutungen können allerdings eine für eine Verurteilung ausreichende Überzeugung nicht begründen.

272 In den meisten Verfahren werden Sie an Beweisen im Wesentlichen lediglich die Einlassung des Angeklagten und Zeugenaussagen zu würdigen haben.

Schweigt der **Angeklagte**, dürfen Sie hieraus keine negativen Schlüsse ziehen. Gibt er eine Teileinlassung ab, indem er sich zu einzelnen Punkten äußert, während er zu bestimmten Punkten schweigt, so dürfen Sie aus diesem Teilschweigen auch negative Schlüsse ziehen, da sich der Angeklagte aufgrund der Teileinlassung gefallen lassen muss, dass sein Verhalten einer Gesamtwürdigung unterzogen wird.

273 **Zeugenaussage**n sind einer Würdigung zu unterziehen, ob der Zeuge als Person **glaubwürdig** und seine Aussage **glaubhaft** ist. Hinsichtlich der Entscheidung über die persönliche Glaubwürdigkeit ist immer die persönliche Beziehung des Zeugen zum Angeklagten oder zur Tat zu berücksichtigen. Es ist zu überlegen, ob der Zeuge Anlass hat, dem Angeklagten zu nutzen oder zu schaden. Allerdings ist das entscheidende Kriterium für die Beweiswürdigung nicht die **Glaubwürdigkeit der Person, sondern die Glaubhaftigkeit der Aussage**. Auch grundsätzlich glaubwürdige Personen können lügen und Personen, die aufgrund eines zwei-

II. Aufbau und Gegenstand des Plädoyers bei Antrag auf Verurteilung § 4

felhaften Leumundes oder aus anderen Gründen unglaubwürdig erscheinen, können die Wahrheit sagen.

Welche Anforderungen an die Feststellung der Glaubhaftigkeit einer Aussage zu stellen sind, hat der Bundesgerichtshof in einer Entscheidung aus dem Jahre 1999 (BGH v. 30.7.1999, NStZ 2000, 100) im Zusammenhang mit der revisionsrechtlichen Überprüfung von aussagepsychologischen Gutachten grundlegend dargestellt. Im Ergebnis kommt es darauf an, ob einer Aussage ausreichende Realitätskriterien zu entnehmen sind. Im Rahmen dieser Darstellung sollen beschränkt nur die wesentlichen Kriterien geschildert werden. 274

Bei der Würdigung einer Zeugenaussage ist zunächst auf deren Inhalt abzustellen. Wichtigstes Kriterium für die **Glaubhaftigkeit** ist der Detailreichtum einer Aussage. Zunächst kommt es hier auf die Anzahl der Einzelheiten an, die in der Aussage enthalten sind: genaue Ortsangaben, Personenbeschreibungen, Abfolge von Handlungen, Inhalt von Gesprächen. Sind in diesem Sinne in einer Aussage zahlreiche Einzelheiten enthalten, spricht dies für deren Richtigkeit. Falsche Aussagen beschränken sich häufig auf die Darstellung eines Kerngeschehens, weil es sehr schwer ist, eine falsche Aussage mit zahlreichen Einzelheiten auszuschmücken. Die Schilderung negativer Komplikationsketten, also von abgebrochenen Handlungen oder vergeblichen Versuchen spricht für die Glaubhaftigkeit, da solche Umwege nur schwer und mit erheblichem intellektuellem Aufwand zu erfinden sind. Aus dem gleichen Grund sprechen auch Verflechtungen des Aussageinhaltes mit äußeren Umständen für die Richtigkeit der Aussage. Ein in der Praxis sehr häufig vorkommendes Realitätskennzeichen sind ausgefallene und originelle Einzelheiten, also solche Details, die man aufgrund deren Ungewöhnlichkeit nicht erwarten würde. Ein weiteres und sehr hoch zu wertendes Realitätskennzeichen ist das der späteren Ergänzbarkeit von Zeugenaussagen. In der Regel schildern wahrheitsgemäß aussagende Zeugen nicht unmittelbar den vollständigen Sachverhalt. Vielmehr ergänzen sie diesen auf Nachfrage und sind aufgrund der erlebten Realität hierzu leicht in der Lage. 275

276 Tatsächlich werden Sie aber in Ihrer Praxis nicht eben häufig auf falsche Aussagen treffen, sondern allenfalls darauf, dass Zeugen aufgrund des Zeitablaufes keine gute Erinnerung an den Sachverhalt mehr haben und sich teilweise auch irren

277 Sämtliche Aussagen und Beweismittel sind im letzten Schritt zu würdigen. Erst wenn sich hieraus nicht die volle Überzeugung vom Vorliegen einer für den Schuld- und Rechtsfolgenausspruch unmittelbar entscheidungserheblichen Tatsache bilden lässt, kommt der Grundsatz „in dubio pro reo" zum Tragen. Denn auch er ist keine Beweis-, sondern eine Entscheidungsregel, die nicht auf einzelne Indizien angewendet werden darf.

III. Strafzumessung

278 Ist anschließend auch die rechtliche Einordnung des Geschehens erfolgt, ist eine der Hauptanforderungen an den Sitzungsvertreter die Bestimmung der Schuld und insbesondere des Strafmaßes.

Bei Erwachsenen oder Anwendung von Erwachsenenstrafrecht gilt folgendes:

279 Die Zumessung der Strafe folgt in zwei Schritten:

1) Zunächst ist der **Strafrahmen** festzusetzen. Dies bereitet beim Amtsgericht meist keine besonderen Schwierigkeiten. Sowohl die Feststellung des Regelstrafrahmens als auch die Feststellungen, ob Strafmilderungen oder Strafschärfungen in Betracht kommen, lassen sich leicht dem Gesetz entnehmen.

Strafmilderungsgründe sind zum Beispiel minder schwere Fälle, verminderte Schuldfähigkeit, Versuch oder Beihilfe.

Strafschärfungen folgen zum Beispiel bei besonders schweren Fällen.

280 2) Ist der Strafrahmen festgestellt, wird durch Abwägung der für und gegen den Angeklagten sprechenden Strafzumessungstatsachen der Strafrahmen ausgefüllt und **die konkrete Strafe gefunden**. Nach der von der Rechtsprechung vertretenen **Spielraumtheorie** gibt es innerhalb des gesetzlichen Strafrahmens nicht eine einzige Strafe, die angemessen ist. Vielmehr besteht ein Spielraum für die zu bestimmende Strafe. Innerhalb des so eröffneten Rah-

III. Strafzumessung § 4

mens ist nach der Schuld des Angeklagten und die Wirkung der Strafe auf sein zukünftiges Verhalten unter Berücksichtigung von Strafempfänglichkeit und Strafempfindlichkeit eine angemessene Strafe festzulegen (BGHSt 7, 31; 20, 266).

In § 46 Abs. 2 StGB sind die wichtigsten **Strafzumessungstatsachen** exemplarisch aufgelistet: 281
- Beweggründe und Ziele des Täters, insbesondere wenn diese ggf. rassistisch, fremdenfeindlich, antisemitisch oder sonst menschenverachtend geprägt sind,
- die Gesinnung, die aus der Tat spricht und der bei der Tat aufgewendete Wille,
- das Maß der Pflichtwidrigkeit,
- die Art der Ausführung und die verschuldeten Auswirkungen der Tat,
- das Vorleben des Täters, seine persönlichen und wirtschaftlichen Verhältnisse,
- sein Verhalten nach der Tat, besonders sein Bemühen, den Schaden wieder gutzumachen sowie das Bemühen des Täters ein Ausgleich mit dem Verletzten zu erreichen.

Besonders wichtig ist, dass Umstände, die schon Merkmale des gesetzlichen Tatbestandes sind, bei der Strafzumessung nicht als Zumessungstatsachen berücksichtigt werden dürfen. 282

In der Praxis sind es gerade bei den Fällen vor dem Amtsgericht immer wieder die gleichen Tatsachen, die für oder gegen den Angeklagten sprechen, weil eine umfassende Feststellung zu den Lebensumständen und außerhalb der Tat liegenden Vorgängen meist nicht erfolgt, sondern lediglich eine summarische Prüfung.

Für den Angeklagten können folgende Umstände sprechen: 283

aus der **Vorgeschichte**:
- Straffreies Vorleben ohne Vorstrafen,
- ungünstige familiäre und/oder wirtschaftliche Verhältnisse,

hinsichtlich der **Tat**:
- Augenblicksversagen, Spontantat,
- Tatausführung bedurfte keiner großen Mühen,

- die Tat wurde vom Opfer mangels jeglicher Sperren leicht gemacht,
- Tatprovokation,
- lange zurückliegende Tatzeit,
- Verleitung durch Dritte, Angeklagter war nur Mitläufer,

Auswirkungen der Tat:
- geringer Schaden,
- keine Dauerfolgen für das Opfer,
- eigener Schaden des Angeklagten,

nach der Tat:
- Wiedergutmachung des Schadens,
- Umfassendes reuiges Geständnis:

hierbei kommt es immer auch auf die Gründe an. Es ist zu überlegen, ob das Geständnis von Schuldeinsicht und Reue veranlasst ist. Ein Geständnis, das ersichtlich allein aus prozesstaktischen Gründen abgegeben wird, ist insoweit ohne Gewicht.

Gegen den Angeklagten können sprechen:

aus der **Vorgeschichte:**
- Vorstrafen, insbesondere einschlägige Vorstrafen oder solche aus verwandten Straftaten,
- Rückfallgeschwindigkeit nach früherer Verurteilung,
- insbesondere natürlich Bewährungsversagen, also neue Straftat nach Verurteilung zu einer Bewährungsstrafe,

hinsichtlich der **Tat:**
- geplante Tat mit langem Vorlauf,
- besondere Rücksichtslosigkeit oder Brutalität bei der Tatausführung,
- Haupttäter und eigentlicher Initiator der Tat,
- erhebliche kriminelle Energie war erforderlich, um Widerstände gegen die Tatausführung zu überwinden,

Auswirkungen der Tat:
- erhebliche Verletzungen oder Schäden,
- bestehende Dauerfolgen beim Opfer / auch psychischer Natur,

III. Strafzumessung §4

nach der Tat:
- keinerlei Schuldeinsicht,
- versuchte Anstrengungen durch Einwirkung auf andere Tat zu vertuschen, zB Einschüchtern des Opfers.

3) Nach Abwägung dieser Umstände ist die erste zu entscheidende Frage, ob man innerhalb der Möglichkeit eines Strafrahmens zu einer **Geld- oder einer Freiheitsstrafe** gelangt. Die Geldstrafe wird in Tagessätzen verhängt. Sie beträgt mindestens **fünf** und, wenn das Gesetz nichts anderes bestimmt, höchstens **dreihundertsechzig** volle Tagessätze (§ 40 StGB).

285

Die Berechnungsgrundsätze zur Höhe eines Tagessatzes der **Geldstrafe** wurden bereits oben ausgeführt. Wie Sie die Höhe der Tagessätze bestimmt haben, brauchen Sie nicht im Detail auszuführen. Es reicht insoweit vollkommen aus, diese mit den „Einkommens- und Vermögensverhältnissen" des Angeklagten zu begründen. Daher muss im Plädoyer im Wesentlichen entsprechend den vorherigen Ausführungen nur noch die Anzahl der Tagessätze festgelegt und begründet werden.

4) **Freiheitsstrafe** unter einem Jahr wird gemäß § 39 StGB nach vollen Wochen und Monaten, über einem Jahr nach vollen Monaten und Jahren bemessen. In der Praxis kommt jedoch eine Bemessung nach Wochen so gut wie nicht vor. Zunächst zu beachten, dass nach § 47 StGB eine Freiheitsstrafe **unter sechs Monaten** nur zu verhängen ist, wenn besondere Umstände in der Tat oder der Persönlichkeit des Täters die Verhängung einer Freiheitsstrafe zur Einwirkung auf den Täter oder zur Verteidigung der Rechtsordnung unerlässlich machen. Dies gilt gemäß § 47 Abs. 2 StGB selbst dann, wenn das verletzte Strafgesetz die Verhängung einer Geldstrafe eigentlich gar nicht vorsieht.

286

Die Verhängung einer Freiheitsstrafe von unter 6 Monaten erfordert daher die Feststellung besonderer Umstände, die entweder das Gesamtbild der Tatbestandsverwirklichung aus dem Durchschnitt der praktisch vorkommenden Taten dieser Art hervorheben oder die Persönlichkeit des Täters von durchschnittlichen Tätern unterscheiden. Weiter muss die Verhängung der kurzen Freiheitsstrafe zur Einwirkung auf den Täter oder zur Verteidigung

287

der Rechtsordnung unerlässlich sein. Dies setzt nicht voraus, dass die Strafe vollzogen werden muss und dass der Vollzug und dessen Einwirkung auf den Täter geboten sein muss. Erforderlich ist aber, dass das Unwerturteil, das in der Verhängung einer Freiheitsstrafe liegt oder die Einwirkung während der Bewährungszeit unerlässlich erscheinen. Zur Verteidigung der Rechtsordnung kommt es darauf an, welche Bedeutung die Tat und Taten dieser Art als Verletzung der Rechtsordnung vor allem für den Rechtsgüterschutz haben.

▶ **Praxistipp:** Ermitteln Sie zunächst den Strafrahmen, der sich aus dem verletzten Strafgesetz ergibt (z.B. drei Monate bis zu zehn Jahren bei einem gewerbsmäßigen Diebstahl gemäß § 243 Abs. 1 Nr. 3 StGB). Wenden Sie dann ggf. vorliegende Strafrahmenverschiebungen an, z.B. bei einer lediglich versuchten Tat. Bestimmen Sie dann die konkrete Strafe. Liegen in unserem Diebstahlsfall z.B. keine Gründe für eine Strafrahmenverschiebung vor, so berücksichtigen Sie z.B. eventuell bestehende Vorverurteilungen (straferhöhend) und eine finanzielle Notlage sowie ein von Reue getragenes Geständnis (strafmildernd). Kommen Sie dann wegen der gesetzlichen Strafandrohung (die keine Verhängung einer Geldstrafe vorsieht!) zu einer als angemessen erscheinenden Freiheitsstrafe von fünf Monaten, so müssen Sie § 47 Abs. 2 StGB prüfen und ggf. anwenden. Liegen keine besonderen Umstände für die Verhängung einer kurzen Freiheitsstrafe vor, so rechnen Sie die Freiheitsstrafe in eine Geldstrafe um. Gemäß § 47 Abs. 2 S. 2 StGB entspricht ein Monat Freiheitsstrafe 30 Tagessätzen Geldstrafe. Ihr Antrag würde dann auf die Verurteilung zu einer Geldstrafe von 150 Tagessätzen (5 x 30) zu je (z.B.) 20 EUR lauten. ◀

288 5) Ist die Entscheidung für eine Freiheitsstrafe gefallen, so ist neben der Höhe für den Angeklagten von ausschlaggebender Bedeutung, ob die Freiheitsstrafe zur **Bewährung** ausgesetzt werden kann.

289 Freiheitsstrafen von **bis zu einem Jahr** sind nach § 56 Abs. 1 StGB in der Regel auszusetzen, wenn zu erwarten ist, dass der Verurteilte sich schon die Verurteilung zur Warnung dienen lässt und in Zukunft auch ohne die Einwirkung des Strafvollzuges keine weiteren Taten mehr begehen wird. Dem Verurteilten muss also eine positive Sozialprognose zu stellen sein.

III. Strafzumessung § 4

Freiheitsstrafen **über ein Jahr (bis zu zwei Jahren)** sind hingegen nach § 56 Abs. 2 StGB nur dann zur Bewährung auszusetzen, wenn neben der positiven Sozialprognose zusätzlich besondere Umstände in der Tat **und** der Persönlichkeit des Verurteilten vorliegen. Besondere Umstände sind hier Milderungsgründe von besonderem Gewicht, die eine Strafaussetzung trotz des Unrechts- und Schuldgehalts, der sich in der Strafhöhe widerspiegelt, als nicht unangebracht erscheinen lassen. Dazu können auch solche gehören, die schon für die Prognose nach § 56 Abs. 1 StGB zu berücksichtigen waren. Wenn auch einzelne durchschnittliche Milderungsgründe eine Aussetzung nicht rechtfertigen, verlangt § 56 Abs. 2 StGB jedoch keine ganz außergewöhnlichen Umstände. Vielmehr können sich dessen Voraussetzungen auch aus dem Zusammentreffen durchschnittlicher Milderungsgründe ergeben. 290

Schließlich darf nach **§ 56 Abs. 3 StGB** eine Freiheitsstrafe dann nicht zur Bewährung ausgesetzt werden, wenn die Vollstreckung der Strafe zur **Verteidigung der Rechtsordnung** geboten ist. Das ist zu bejahen, wenn die Aussetzung der Freiheitsstrafe zur Bewährung für das allgemeine Rechtsempfinden schlichtweg unerträglich erscheinen müsste und deshalb das Vertrauen der Bevölkerung in die Unverbrüchlichkeit des Rechts und in den Schutz der Rechtsordnung vor Angriffen dadurch erschüttert werden könnte. In diesem Zusammenhang darf aber nicht allein auf generalpräventive Überlegungen oder auf Hinweise auf die Sozialschädlichkeit des Deliktes abgestellt werden, sondern es muss immer auch auf die Persönlichkeit des Angeklagten Rücksicht genommen werden und in der Begründung dargelegt werden, dass eine Bewährungsaussetzung gerade bei diesem Angeklagten für die Allgemeinheit völlig unverständlich wäre und als ungerechtfertigtes Zurückweichen vor der Kriminalität angesehen werden würde. 291

Wenn eine Freiheitsstrafe zur Bewährung beantragt wird, sind auch die dem Angeklagten aufzuerlegenden **Auflagen und Weisungen (§ 56b und c StGB)** im Einzelnen zu beantragen. Dies sind in der Regel Auflagen, Geld in einer bestimmten Summe an die Staatskasse oder eine gemeinnützige Stelle zu leisten (die Zahlungspflicht und Raten sind zu bezeichnen). Daneben kommen 292 natürlich auch Zahlungsauflagen an einen Geschädigten in Betracht. Im Ergebnis kommen hier die gleichen Auflagen wie bei einer Einstellung nach § 153a StPO in Betracht. Schließlich wird auch die Weisung erteilt, eventuellen Wohnsitzwechsel dem Gericht mitzuteilen. Auch über die Bestellung eines Bewährungshelfers ist insoweit zu entscheiden. Dieser ist zu bestellen, wenn die regelmäßige Leitung und Aufsicht durch einen **Bewährungshelfer** angezeigt erscheint, um den Angeklagten von Straftaten abzuhalten (**§ 56d StGB**).

▶ Praxistipp: Wenn Sie die Verhängung einer Freiheitsstrafe unter Strafaussetzung zur Bewährung beantragen, vergessen Sie bitte niemals, geeignete Bewährungsauflagen mit zu beantragen. Ansonsten geht der Angeklagte ohne eine zeitnah spürbare Sanktion „nach Hause". ◀

IV. Gesamtstrafenbildung

293   1) Wird der Angeklagte wegen mehrerer Taten verurteilt, ist eine Gesamtstrafe zu bilden (§ 53 StGB).

Es wird zunächst für jede einzelne Tat eine **Einzelstrafe** beantragt. Die **Gesamtstrafe** wird dann gebildet, indem die **höchste** der beantragten Strafen **erhöht** wird (§ 54 Abs. 1 StGB), wobei die Gesamtstrafe die Summe der Einzelstrafen nicht erreichen darf (§ 54 Abs. 2 S. 1 StGB). Letzteres ist aufgrund von Additionsfehlern bei Geldstrafen und auch Freiheitsstrafen, bei denen Monate versehentlich im Dezimalsystem zu Jahren addiert werden, ein immer wieder zu beobachtender Fehler (also Einzelstrafen zu 10 und 6 Monaten; Gesamtstrafe fehlerhaft 1 Jahr 4 Monate). Bei Bildung einer Gesamtfreiheitsstrafe ist für die Frage der **Bewährungsaussetzung nur die Gesamtfreiheitsstrafe von Belang** (§ 58 StGB). Die Ausführungen zur Bewährung folgen also erst nachdem man die Höhe der Gesamtfreiheitsstrafe beantragt hat. Bei Bildung einer Gesamtstrafe aus Freiheitsstrafe und Geldstrafe ist die Gesamtstrafe eine Freiheitsstrafe (§ 54 Abs. 1 S. 2). Hierbei ist zunächst gedanklich die Geldstrafe in eine Freiheitsstrafe umzurechnen, wobei § 54 Abs. 3 StGB als „Umrechnungskurs" einen Tag Freiheitsstrafe pro Tagessatz ansetzt und 30 Tagessätze einen Monat Freiheitsstrafe entsprechen (§ 47 Abs. 2 S. 2 StGB). Zum Bei-

IV. Gesamtstrafenbildung § 4

spiel kann man aus Einzelstrafen von acht Monaten Freiheitsstrafe und 60 Tagessätzen (gedanklich umgerechnet in zwei Monate Freiheitsstrafe) eine Gesamtfreiheitsstrafe von neun Monaten bilden. Hiervon abweichend erlaubt § 41 StGB in Ausnahmefällen auch, eine Geldstrafe neben einer Freiheitsstrafe zu verhängen. Dies wird in aller Regel in den von Ihnen zu entscheidenden Fällen aber nicht vorkommen.

2) Probleme bereitet oft die **nachträgliche Gesamtstrafenbildung** gemäß § 55 StGB. Nach § 55 StGB erfolgt die Bildung einer Gesamtstrafe nach §§ 53, 54 StGB auch in den Fällen, in denen ein rechtskräftig Verurteilter, bevor die gegen ihn erkannte rechtskräftige Strafe vollstreckt, verjährt oder erlassen ist, wegen einer anderen Straftat verurteilt wird, die er **vor** der früheren Verurteilung begangen hat. Der Verurteilte soll also im Ergebnis nicht schlechter gestellt werden, als wenn die jetzt verhandelte Tat bereits Gegenstand des früheren Verfahrens gewesen wäre. Wenn dann eine Gesamtstrafe hätte gebildet werden müssen, soll dies jetzt nun ebenfalls erfolgen. Daraus ergibt sich, dass auch nur die Taten in die neue Gesamtstrafe einbezogen werden können, die vor dem ersten Urteil begangen worden sind. Stehen im aktuellen Verfahren weitere Taten zur Verhandlung, die nach der letzten Verurteilung begangen worden sind, werden diese nicht in die Gesamtstrafe einbezogen. War in dem vorherigen Urteil selbst eine Gesamtstrafe gebildet worden, ist diese aufzulösen. In die neue, nachträgliche Gesamtstrafe werden die vorherigen Einzelstrafen einbezogen. Aus Einzelstrafen nach der vorherigen Verurteilung muss gegebenenfalls eine zweite Gesamtstrafe gebildet werden. Besonders kompliziert wird es, wenn die jetzige Gerichtsverhandlung die dritte ist: Für die Anwendbarkeit des § 55 StGB kommt es allein auf die letzte tatrichterliche Entscheidung zur Schuld- oder Straffrage an. Ist also bereits früher aufgrund zweier Verurteilungen eine Gesamtstrafe gebildet worden, so kann im neuen Verfahren eine einheitliche Gesamtstrafe nur gebildet werden, soweit die jetzt zu beurteilenden Taten vor dem ersten Urteil begangen worden sind. Die zwischen dem ersten und zweiten Urteil liegenden Taten sind nicht einzubeziehen.

294

295 ▶ **Der Antrag lautet zB:** Ich beantrage, den Angeklagten für den Diebstahl zu einer Geldstrafe von 60 Tagessätzen zu je 10 EUR und für den Betrug zu einer Geldstrafe von 40 Tagessätzen zu je 10 EUR zu verurteilen und unter Einbeziehung der Verurteilung vom 10.6.2019 (24 Ds 28 Js 610/19) eine Gesamtgeldstrafe von 90 Tagessätze zu je 10 EUR zu bilden. ◀

V. Nebenfolgen bei Verurteilung

Bei der Beantragung einer Verurteilung sind die übrigen Rechtsfolgen von besonderer Bedeutung. Auch insoweit müssen gesonderte Anträge gestellt werden:

296 1) Die wichtigste Nebenentscheidung steht an, wenn sich der Angeklagte in Ihrer Sache in **Untersuchungshaft** befunden hat. In diesem Fall ist nach § 268b StPO von Amts wegen über die Fortdauer der Untersuchungshaft zu entscheiden. Diese Entscheidung ergeht neben dem Urteil in gesondertem Beschluss, der mit dem Urteil zu verkünden ist. Das Gericht muss im Falle einer Verurteilung des Angeklagten das Fortbestehen der Haftgründe ebenso prüfen wie Gründe für eine Aussetzung des Vollzuges nach § 116 StPO. Weicht die Verurteilung bezüglich der Taten rechtlich oder tatsächlich von dem ursprünglichen Haftbefehl ab, so muss im Rahmen einer Haftfortdauerentscheidung der Gegenstand des Haftbefehls dem Urteil angepasst werden.

297 Der Antrag lautet zB – angenommen der ursprüngliche Haftbefehl war wegen des Vorwurfes des Diebstahls ergangen, nach dem Ergebnis der Hauptverhandlung liegt ein besonders schwerer Fall des Diebstahls vor –:

▶ Ich beantrage, den Angeklagten wegen Diebstahls im besonders schweren Fall zu einer Freiheitsstrafe von 1 Jahr und 8 Monaten zu verurteilen.
Außerdem beantrage ich, unter Umstellung des Haftbefehls auf den Vorwurf des Diebstahls im besonders schweren Fall, Haftfortdauer gegen den Angeklagten anzuordnen. ◀

298 2) Häufigster Fall eines Nebenantrages wird für Sie **die Entziehung der Fahrerlaubnis** nach § 69 StGB verbunden mit einer

V. Nebenfolgen bei Verurteilung § 4

Sperre für die Erteilung der Fahrerlaubnis nach § 69a StGB oder die Beantragung einer isolierten Sperrfrist nach § 69a StGB sein.

a) Demjenigen, der wegen einer rechtswidrigen Tat, die er bei oder im Zusammenhang mit dem Führen eines Kraftfahrzeuges begangen hat, verurteilt wird, wird mit dem Urteilstenor die Fahrerlaubnis entzogen, wenn sich aus der Tat ergibt, dass er zum Zeitpunkt des Urteils zum Führen von Kraftfahrzeugen ungeeignet ist. § 69 Abs. 2 StGB enthält eine Reihe von **Regelfällen**, in denen von einer solchen Ungeeignetheit auszugehen ist.

Dies sind:
a) Gefährdung des Straßenverkehrs nach § 315c StGB,
b) verbotenes Kraftfahrzeugrennen nach § 315 d StGB
c) Trunkenheit im Verkehr nach § 316 StGB,
d) unerlaubtes Entfernen vom Unfallort nach § 142 StGB, wenn bei dem Unfall ein Mensch getötet oder nicht unerheblich verletzt worden ist, oder ein bedeutender Schaden an fremden Sachen entstanden ist,
e) Vollrausch nach § 323a StGB, der sich auf eine vorgenannte Tat bezieht.

Die Rechtsprechung hierzu ist natürlich fast unübersehbar. Selbst das objektive Kriterium des **bedeutenden Schadens** an fremden Sachen im Sinne des § 69 Abs. 2 Nr. 3 StGB ist nach der Rechtsprechung nicht völlig eindeutig. Die Grenze wird von der obergerichtlichen Rechtsprechung inzwischen mindestens bei etwa 1.300 EUR festgesetzt. Allerdings gibt es auch Gerichte, die als Untergrenze 1.400 oder 2.500 EUR annehmen, so dass Ihnen zu raten ist, in einschlägigen Fällen über Ihren Ausbilder oder eine entsprechende Recherche die in Ihrem Gerichtsbezirk einschlägige Grenze festzustellen. Der Schaden bemisst sich nach wirtschaftlichen Kriterien und beurteilt sich deshalb nach der Höhe des Betrages, um den das Vermögen des Geschädigten als direkte Folge des Unfalls vermindert wird. Bei der Bemessung des Schadens sind deshalb auch Abschlepp- und Bergungskosten, Sachverständigenkosten, Mehrwertsteuer und der merkantile Minderwert einzurechnen, so dass angesichts der heutigen Reparaturkosten diese Grenze schon bei etwas größeren Lackschäden recht schnell überschritten werden kann. Zu beachten ist allerdings auch, dass aufgrund der wirtschaftlichen Betrachtung der Berücksichtigung nichtwirtschaftlicher Kriterien wie beispielsweise des Affektionsinteresses des Geschädigten enge Grenzen gesetzt sind. Liegen also zB die Reparaturkosten eines Fahrzeuges erheblich über dem relevanten Betrag, der Zeitwert des Betrages allerdings erheblich unter dem Betrag, so ist ein bedeutender Schaden zu verneinen. Auch solche Kosten, die erst im weiteren Verlauf des Verfahrens anfallen wie Mietwagenkosten, Kosten der Rechtsverfolgung oder ein geltend gemachter Nutzungs- und Verdienstausfall, sind nicht zu berücksichtigen, da es sich insoweit um mittelbare Schäden handelt, die zur Zeit des Unfallgeschehens nicht abschätzbar oder kalkulierbar sind. Denn weitere Voraussetzung für das Einsetzen der Regelvermutung ist, dass der Täter, der sich unerlaubt vom Unfallort entfernt, von den Unfallfolgen bei der Tatbegehung wusste oder wissen konnte, sie also vorwerfbar nicht kannte. Das Nichtbedenken solcher, am Unfallort nicht erkennbarer Folgen stellt sich nicht als Versagen dar, das auf die Ungeeignetheit zum Führen von Kraftfahrzeugen hinweist, wie die Regelvermutung des § 69 Abs. 2 Nr. 3 StGB erfassen will.

300 b) Mit der Entscheidung des Großen Senats des BGH vom 27.4.2005 (GSt 2/04) ist inzwischen auch der Streit geklärt, ob in den Fällen, in den **keiner der geschilderten gesetzlichen Regelfälle vorliegt**, die strafgerichtliche Entziehung der Fahrerlaubnis voraussetzt, dass durch das Verhalten des Täters eine erhöhte Gefahr für andere Verkehrsteilnehmer eingetreten ist. Bei den Nicht-Katalogtaten des § 69 Abs. 2 StGB muss die Anlasstat tragfähige Rückschlüsse darauf zulassen, dass der Täter bereit ist, die Sicherheit des Straßenverkehrs seinen eigenen kriminellen Interessen unterzuordnen. Es sind danach besondere Anhaltspunkte für die Gefahr erforderlich, dass der Täter seine kriminellen Ziele über die im Verkehr gebotene Sorgfalt und Rücksichtnahme stellen würde. In Betracht kommen hier insbesondere Diebstahlstaten unter Verwendung eines Kraftfahrzeuges und Fahrten zur Durchführung von Betäubungsmittelgeschäften. In solchen und ähnlichen Fällen bedarf es nach der Rechtsprechung einer Gesamtabwägung zur Feststellung der Prognose der Ungeeignetheit, von

V. Nebenfolgen bei Verurteilung § 4

der die Verhängung der Entziehung der Fahrerlaubnis und die Dauer der Sperre abhängen. Liegen allerdings die Voraussetzungen vor, ist eine Entziehung zwingend, ein Ermessen ist insoweit nicht eröffnet.

c) Die **Sperrfrist** für die Erteilung einer Fahrerlaubnis ist in § 69a StGB geregelt. Dieser ordnet für den Fall der Entziehung einer Fahrerlaubnis an, dass dem Angeklagten für die Dauer von sechs Monaten bis zu fünf Jahren keine neue Fahrerlaubnis erteilt werden darf. Die Sperre darf sogar für immer angeordnet werden, wenn dies erforderlich ist (§ 69 a Abs. 1 S. 2 StGB).

301

Besonders zu beachten sind hierbei einige **Fristenregelungen**: Nach § 69a Abs. 3 StGB beträgt das Mindestmaß der Sperre ein Jahr, wenn gegen den Täter in den letzten drei Jahren vor der Tat bereits einmal eine Sperre angeordnet worden ist. Nach § 69a Abs. 4 StGB verkürzt sich in den Fällen, in denen die Fahrerlaubnis wegen der Tat gemäß § 111a StPO vorläufig entzogen war, das Mindestmaß um die Zeit in der die vorläufige Entziehung wirksam war. Das Mindestmaß darf jedoch auch dann nicht drei Monate unterschreiten.

302

Der Antrag zu dieser Nebenfolge lautet also zB:

303

▶ Ich beantrage den Angeklagten zu einer Geldstrafe von 50 Tagessätzen zu je 30 EUR zu verurteilen. Außerdem beantrage ich, seine Fahrerlaubnis zu entziehen, den Führerschein einzuziehen und eine Sperrfrist von sechs Monaten anzuordnen. ◀

d) Besonderer Aufmerksamkeit bedürfen die Fälle, in denen während des Ermittlungsverfahrens die Fahrerlaubnis noch **nicht gemäß § 111a StPO vorläufig entzogen worden und der Führerschein nicht beschlagnahmt** war und sich deshalb nicht bei den Akten befindet. Der Umstand, dass während des Ermittlungsverfahrens kein Beschluss gemäß § 111a StPO erlassen worden ist, verbietet grundsätzlich eine solche Entscheidung in der Hauptverhandlung nicht. Sollte allerdings eine entsprechende Maßnahme auch nicht in der Anklageschrift angekündigt worden sein, ist § 265 StPO zu beachten. Es bedarf dann eines gerichtlichen Hinweises, der vom Sitzungsvertreter erbeten bzw. beantragt werden sollte.

304

§ 4 Plädoyer

305 Mit dem Schlussantrag ist daher auch gleichzeitig die Maßregel durch einen Antrag auf vorläufige Entziehung der Fahrerlaubnis sicherzustellen. Ein Beschluss gemäß § 111a StPO wirkt gemäß § 111a Abs. 3 StPO als Anordnung der Beschlagnahme des Führerscheins. Zur Vollstreckung ist dann der Staatsanwalt nach § 111c Abs. 1 StPO bzw. § 36 StPO befugt. Gibt also der Angeklagte seinen Führerschein nicht freiwillig zu den Akten, kann ihm dieser auch im Zwangswege abgenommen werden. Sinnvollerweise bittet man den Vorsitzenden in dem seltenen Fall, dass der Angeklagte sich weigert, seinen Führerschein zur Akte zu reichen, um die Hinzuziehung eines Justizwachtmeisters, der im Wege der Amtshilfe mit der zwangsweisen Vollstreckung beauftragt wird.

306 **Ausländische Führerscheine** können ebenfalls entzogen werden. Dies wird vollzogen, indem bei EU-Bürgern mit Wohnsitz im Inland gemäß § 111a Abs. 3 S. 2 StPO wie mit einem deutschen Führerschein verfahren wird. Ansonsten wird gemäß § 111a Abs. 6 S. 1 StPO im ausländischen Führerschein ein entsprechender Vermerk aufgenommen.

307 Unterbleibt im Falle einer Sicherstellung des Führerscheins und eines im Ermittlungsverfahren ergangenen § 111a StPO-Beschlusses die Anordnung einer Maßnahme nach § 69 StGB darf nicht vergessen werden, zu beantragen, den § 111a StPO-Beschluss **aufzuheben**. Ein bei den Akten befindlicher Führerschein wird in diesem Fall vom Richter unmittelbar wieder ausgehändigt. Gelegentlich wird hierbei allerdings vergessen, die Aushändigung in das Protokoll aufzunehmen oder sonst in den Akten zu vermerken. Da insoweit eventuell Maßnahmen nach dem Gesetz über die Entschädigung für Strafverfolgungsmaßnahmen (StrEG) in Betracht kommen, muss unbedingt hierauf geachtet und ggfs. der Richter erinnert werden. Das Gesetz über die Entschädigung für Strafverfolgungsmaßnahmen wird im Einzelnen im Zusammenhang mit einem Antrag auf Freispruch erläutert.

308 3) In Fällen, in denen eine Entziehung der Fahrerlaubnis unterbleibt, kann auch die Verhängung eines **Fahrverbotes** nach § 44 StGB in Betracht kommen. Mit dem „Gesetz zur effektiveren und praxistauglicheren Ausgestaltung des Strafverfahrens" sind mit

V. Nebenfolgen bei Verurteilung § 4

Wirkung ab dem 24.8.2017 die gesetzlichen Voraussetzungen zur Verhängung eines Fahrverbotes erweitert worden. Die erhebliche und nachvollziehbare Kritik, die dieser Erweiterung entgegen gebracht worden ist, soll hier nicht dargestellt werden. Während vorher das Fahrverbot im Wesentlichen auf solche Fälle beschränkt war, in denen mangels Feststellung der Ungeeignetheit eine Maßnahme nach § 69, 69a StGB bei in Zusammenhang mit dem Straßenverkehr nicht in Betracht kam, kann nunmehr ein Fahrverbot auch dann verhängt werden, wenn die Straftat in keinem Zusammenhang mit dem Straßenverkehr steht. Dies soll zum einen erfolgen, wenn die Verhängung eines Fahrverbotes aus spezial- oder generalpräventiven Gründen zur Einwirkung auf den Täter oder zur Verteidigung der Rechtsordnung erforderlich erscheint. Hier kann zB an Hooligans, Vandalen, Graffiti-Sprayer oder Stalker gedacht werden. Zum anderen soll ein Fahrverbot möglich sein, wenn hierdurch die Verhängung einer Freiheitsstrafe oder der Vollstreckung vermieden werden kann. In diesen Fällen sind zunächst die zu verhängende Strafe und das Fahrverbot gedanklich zu einem „Gesamtübel" zusammenzufassen, dh sie beeinflussen sich gegenseitig und müssen in der Gesamtschau tat- und schuldangemessen erscheinen. Aus diesem Grunde wird nicht neben einer bereits als angemessen erachteten Strafe zusätzlich ein Fahrverbot verhängt. Vielmehr muss die Freiheitsstrafe oder die Geldstrafe angemessen reduziert werden, wobei es allerdings keinen festen Umrechnungsmaßstab gibt. In der forensischen Praxis spielt diese erweiterte Möglichkeit ein Fahrverbot zu verhängen, bislang allerdings kaum eine Rolle.

Das Fahrverbot kann in der Höhe von 1 bis 6 Monaten angeordnet werden. Da es erst mit Rechtskraft wirksam wird, sind Vollstreckungstätigkeiten durch den Sitzungsvertreter nicht erforderlich.

4) Weitere Nebenentscheidungen, die nicht vergessen werden dürfen, sind solche Entscheidungen, die sich auf **sichergestellte Gegenstände** und sichergestelltes **Geld** beziehen.

Hierbei handelt es sich um Nebenentscheidungen nach den §§ 73, 74 ff. Strafgesetzbuch, auf die teilweise auch in den Vorschriften des besonderen Teils des Strafgesetzbuches ausdrücklich verwiesen wird. Diese Vorschriften haben mit der Reform der staatlichen Vermögensabschöpfung zum 1.7.2017 eine neue grundsätzliche Regelung erfahren. Mit dieser Regelung sollte die Möglichkeit der Vermögensabschöpfung grundsätzlich erleichtert werden, was sich allerdings nur auf die gesetzlichen Eingriffsvoraussetzungen bezieht. Die Regelungen als solche stellen sich als durchaus schwierig dar, so dass sich jeder Sitzungsvertreter vor seiner ersten Sitzung hiermit grundsätzlich vertraut machen sollte. Dies gilt insbesondere, weil nach den neuen Vorschriften die Vermögensabschöpfung insbesondere von Taterträgen nicht die Ausnahme, sondern der Regelfall sein soll.

310 Eine **Einziehung gemäß § 74 StGB** ist immer zu prüfen, wenn in einem Verfahren Gegenstände sichergestellt worden sind. Dies sollte sich aus der Aufzählung der Beweismittel der Anklageschrift bzw. des Strafbefehls ergeben. Auch wenn vergessen worden ist, die Beweismittel hier aufzuzählen, sind Verfahren, in denen Gegenstände sichergestellt sind, durch einen Aufkleber „Asservate" gekennzeichnet. Schließlich sollte sich auch in den Handakten eine Liste der sichergestellten Gegenstände befinden. Sind Asservate vorhanden, ist zwingend in der Hauptverhandlung über den Verbleib zu entscheiden. Häufig verzichten Angeklagte auf die Aushändigung sichergestellter Asservate. Durch die Reform der Vermögensabschöpfung wollte der Gesetzgeber die grundsätzliche Möglichkeit der sogenannten „außergerichtlichen" oder „formlosen" Einziehung nicht beschränken. Demgemäß hat der Bundesgerichtshof in einer Entscheidung zum neuen Abschöpfungsrecht die außergerichtliche Einziehung auch für weiterhin zulässig erklärt (vgl. BGH, NStZ 2018, 333). Diese ist allerdings trotzdem mit Vorsicht zu betrachten, da allein der Verzicht die Stellung des Angeklagten als Eigentümer nicht verbindlich beendet. Sie ist daher auf Fälle zu beschränken, in denen die Eigentumsverhältnisse geklärt sind und nicht mit späterer Geltendmachung von Ansprüchen Dritter, insbesondere Geschädigter, zu rechnen ist. Die „formlose" Einziehung in der Hauptverhandlung erfordert nach der Rechtsprechung ine Eigentumsübertragung auf den Fiskus. Die diesbezügliche Erklärung ist zu protokollieren und seitens des Angeklagten zu genehmigen. Juristisch

V. Nebenfolgen bei Verurteilung §4

sauberer ist allerdings eine ausdrückliche Entscheidung im Urteil über die Einziehung der Gegenstände, sofern sie nach § 74 StGB möglich ist.

Eine Einziehung kann danach hinsichtlich solcher Gegenstände erfolgen, die durch eine vorsätzliche Straftat hervorgebracht worden sind, zu ihrer Begehung oder Vorbereitung gebraucht worden sind oder hierzu bestimmt gewesen sind. 311

Diese Einziehung ist gemäß § 74 Absatz 2 Strafgesetzbuch nur dann zulässig, wenn die Gegenstände zur Zeit der **Entscheidung dem Täter oder Teilnehmer gehören oder zustehen**. Ist dies nicht der Fall, kann ein Gegenstand nur eingezogen werden, wenn er nach ihrer Art und den Umständen die Allgemeinheit gefährdet oder die Gefahr besteht, dass er der Begehung rechtswidriger Tat dienen wird.

Unterschieden wird nach dem Gesetz zwischen Gegenständen, die durch die Tat hervorgebracht worden sind (sog. **producta sceleris**) und Tatmitteln, das heißt Werkzeugen bzw. Instrumenten im nicht-technischen Sinn (sog. **instrumenta sceleris**). 312

Durch die Tat hervorgebracht sind zum Beispiel gefälschte Urkunden oder gefälschte Münzen, nicht aber das durch die Tat erworbene oder gestohlene Geld oder das beim Glückspiel gewonnene Geld. 313

Als Tatwerkzeug können nicht nur solche Gegenstände eingezogen werden, die zur eigentlichen Begehung der Tat Verwendung gefunden haben oder nach der Planung des Täters hierfür bestimmt waren. Der Einziehung unterliegt alles, was die Tat vom Stadium der Vorbereitung bis zur Beendigung überhaupt ermöglicht hat und zu ihrer Durchführung diente oder erforderlich war. Dieses muss sich aber auf die Tat beziehen, die Gegenstand der Anklage war und Gegenstand der Urteilsfindung ist. Es müssen die einzelnen Gegenstände genügend genau bezeichnet werden. Bei Betäubungsmitteln reicht hier die Angabe von Art und Menge des einzuziehenden Rauschgiftes aus. 314

Gehören im Sinne des § 74 StGB ist im zivilrechtlichen Sinne zu verstehen. Ist der Täter nicht Rechtsinhaber im Sinne des § 74 StGB dürfen die Gegenstände nach § 74a StGB eingezogen wer- 315 den, wenn derjenige, dem sie zur Zeit der Entscheidung gehören oder zustehen, wenigstens leichtfertig dazu beigetragen hat, dass die Gegenstände Mittel der Tat oder der Vorbereitung gewesen sind oder die Gegenstände in Kenntnis der Umstände, welche die Einziehung zugelassen hätten, in verwerflicher Weise erworben hat. Der Grundsatz der Verhältnismäßigkeit ist außer bei gefährlichen Gegenständen zu beachten – § 74b StGB.

316 5) Aufgrund der erwähnten Neuregelung seit 2017 kommt der Vermögensabschöpfung in der Hauptverhandlung erhebliche Bedeutung zu. Das Abschöpfungsrecht ist zwingendes Recht und findet grundsätzlich auch in Verfahren gegen Jugendliche und Heranwachsende Anwendung. Deshalb muss jeder Dezernent schon im Rahmen des Ermittlungsverfahrens prüfen, ob und in welchem Umfang eine Einzichungsentscheidung getroffen werden muss. Im Falle der Erforderlichkeit einer Einziehung von Vermögen muss sich dies deshalb bereits aus der Anklageschrift ergeben, so dass in der Hauptverhandlung der Sitzungsvertreter in der Regel lediglich die bereits getroffene Entscheidung nachvollziehen muss. Für die im Ermittlungsverfahren zu treffende Entscheidung ist zu berücksichtigen, dass von der Einziehung von Taterträgen und des Wertes von Taterträgen aus Straftaten aus verfahrensökonomischen Gründen nach § 421 Abs. 1, Abs. 3 S. 1 StPO abgesehen werden und das Verfahren auf die übrigen Rechtsfolgen beschränkt werden kann, wenn insofern bestimmte Beträge nicht überschritten werden.

Um insoweit eine einheitliche Sachbehandlung zu erzielen haben sich in Nordrhein-Westfalen die Generalstaatsanwälte in Hamm, Düsseldorf und Köln auf bestimmte Wertgrenzen geeinigt:

Von einer Einziehung kann nach § 421 Abs. 1 S. 1 StPO abgesehen werden, weil das Erlangte nur einen geringen Wert hat. Als Wertgrenze werden hier 50 EUR angesehen.

Von der Einziehung kann nach § 421 Abs. 1 S. 3 auch abgesehen werden, weil die Einziehung einen unangemessenen Aufwand erfordern würde. Als Wertgrenze werden hier 500 EUR angenommen. Dies gilt insbesondere bei Eigentums- und Vermögensdelikten mit mehreren Verletzten, wenn die Durchführung eines Insol-

V. Nebenfolgen bei Verurteilung § 4

venzverfahrens mangels Kostendeckung ausgeschlossen erscheint. Dies ist anzunehmen, wenn die sichergestellten und im Rahmen der Vollstreckung voraussichtlich beizutreibenden Vermögenswerte einen Betrag von 3.700 EUR unterschreiten. Unter Berücksichtigung dieser Wertgrenzen wird deshalb der Dezernent des Ermittlungsverfahrens geprüft haben, ob eine Einziehung erfolgen soll; dieses Ergebnis wird in die Fassung der Anklageschrift eingeflossen sein.

6) Zu prüfen sind für die Einziehungsentscheidung folgende Punkte: 317

In einem ersten Prüfungsschritt ist nach dem Bruttoprinzip festzustellen, was das Erlangte bzw. der Wert des Erlangten darstellt. Nach § 73 Abs. 1 StGB ist jeder Vermögenswert abzuschöpfen, den der Tatbeteiligte durch eine rechtswidrige Tat erlangt hat. Nach dem Bruttoprinzip ist zB bei dem Handel mit Betäubungsmitteln der gesamte Verkaufspreis erlangt und nicht nur der durch den Verkauf erzielte Gewinn. Bei einem Betrug durch Verkauf eines defekten Fahrzeuges ist dementsprechend der gesamte Verkaufspreis erlangt und nicht nur die Wertdifferenz zwischen dem defekten Fahrzeug und einem mangelfreien Fahrzeug.

Erst im zweiten Prüfungsschritt ist zu prüfen, ob und inwieweit Aufwendungen des Täters abziehbar sind. Dies ist grundsätzlich der Fall (§ 73d Abs. 1 S. 1 StGB), gilt aber nicht für solche Aufwendungen, die für die Begehung der Tat oder ihre Vorbereitung angefallen sind (§ 73d Abs. 1 S. 2 StGB). Solche tatbezogenen Aufwendungen sind nur ausnahmsweise abziehbar, soweit es sich um Leistungen zur Erfüllung einer Verbindlichkeit gegenüber dem Verletzten der Tat handelt.

So ist zB beim Betrug durch Verkauf eines mangelhaften Fahrzeuges die Übereignung des Fahrzeuges als Gegenleistung eigentlich eine nicht abziehbare Aufwendung, weil sie für die Tat erbracht wurde. Da es sich insoweit aber um eine Leistung zur Erfüllung einer Verbindlichkeit gegenüber dem Verletzten der Tat handelte, darf der Gegenwert des gelieferten Fahrzeuges ausnahmsweise abgezogen werden. Soweit der betrügerisch abgeschlossene Vertrag Bestand hat, unterliegt nur die Wertdifferenz der Einziehung.

Soweit konkrete Feststellungen nicht möglich sind, kann gemäß § 73d Abs. 2 StGB auch der Umfang und der Wert des Erlangten einschließlich der abziehbaren Aufwendungen geschätzt werden.

Bei mehreren Tatbeteiligten, die etwas aus der Tat erlangt haben, haften diese als Gesamtschuldner. Dafür reicht allerdings ein Handeln als Mittäter nicht aus. Vielmehr ist eine gesamtschuldnerische Haftung nur dann zu bejahen, wenn sich alle Beteiligten einig sind, dass jedem die Mitverfügungsgewalt zukommen sollte und jeder Tatbeteiligte diese Verfügungsgewalt auch erlangt hat, sei es faktisch oder wirtschaftlich. Für eine Verfügungsgewalt spricht, wenn die Beteiligten das Erlangte unter sich aufteilen und nicht etwa einer der Beteiligten dem anderen etwas auszahlt.

Schließlich können auch bei Dritten nach § 73b StGB Taterträge eingezogen werden, sofern diese durch die Tat etwas erlangt haben. Sollte sich in der Hauptverhandlung ergeben, dass eine Einziehung auch gegen Dritte in Betracht kommt, wäre der Drittbegünstigte im Verfahren grundsätzlich als Einziehungsbeteiligter am Verfahren zu beteiligen. Häufig dürfte in solchen Fällen eine Beteiligung des Drittbegünstigten schon aus prozessualen Gründen nicht angezeigt erscheinen, so dass sich dann eine Abtrennung der Einziehung nach § 422 StPO anbieten wird.

In der Hauptverhandlung ist schließlich noch zu prüfen, ob Ansprüche von Verletzten durch Erfüllung oder auf andere Weise ganz oder teilweise erloschen sind. Verletzte sind deshalb in der Hauptverhandlung auch dazu zu befragen, ob sie möglicherweise Entschädigungen durch den Angeklagten erhalten haben oder ihre Ansprüche ansonsten erledigt sind. Soweit auch in der Hauptverhandlung der Abschluss eines Vergleiches zwischen Angeklagten und Verletzten, die möglicherweise sich erstmals nach der Tat gegenüberstehen, in Betracht kommt, sollte der Sitzungsvertreter sein Augenmerk darauf richten, dass Verletzte hier nicht überrumpelt werden und möglicherweise vom Verteidiger zu dem Abschluss eines objektiv ungünstigen Vergleichs gedrängt werden.

Auch noch in der Hauptverhandlung kann gemäß § 421 Abs. 1 StPO mit Zustimmung des Sitzungsvertreters von der Einziehung abgesehen werden. Zur Ausübung des Ermessens wird auf die obigen Wertgrenzen Bezug genommen.

Da die Einziehung vollstreckt werden muss, ist sie nicht lediglich in den Urteilsgründen aufzunehmen, sondern muss tenoriert werden, was zum einen eine **genaue Bezeichnung** des Gegenstandes und zum anderen einen gesonderten Antrag des Sitzungsvertreters erforderlich macht. So reicht es nicht aus, die „sichergestellten Gegenstände" einzuziehen. Auch ein Verweis auf das Asservatenverzeichnis ist nicht ausreichend. Vielmehr müssen zB auch einzuziehende Betäubungsmittel nach Art und Menge konkret bezeichnet werden.

▶ Die Anträge lauten zB
a) Einziehung des Erlangten:
Es wird beantragt, gemäß § 73 Abs. 1 StGB die Einziehung des/der {konkreter Gegenstand} anzuordnen.

b) Antrag zur Einziehung des Tatmittels/-produktes:
Es wird beantragt, gemäß § 74 Abs. 1 StGB die Einziehung des/der {konkreter Gegenstand} anzuordnen.

c) Antrag zur Einziehung des Wertes von Taterträgen:
Der Angeklagte hat aus der Tat (Gegenstände im Wert von insgesamt) ... Euro erlangt. Da die Einziehung nur des Wertes möglich ist, wird beantragt, nach § 73 c StGB die Einziehung von Wertersatz in Höhe von .... Euro anzuordnen. ◀

VI. Adhäsionsverfahren

Gelegentlich werden Sie auch bei dem Amtsgericht damit konfrontiert werden, dass der Verletzte einen Adhäsionsantrag gestellt hat. In diesem Fall müssen Sie auch hierzu in Ihrem Plädoyer Stellung nehmen und einen Antrag stellen. Das Adhäsionsverfahren nach den §§ 403–406c StPO eröffnet dem Opfer einer Straftat die grundsätzliche Möglichkeit, zivilrechtliche Ansprüche gegen den Angeklagten unmittelbar im Strafverfahren geltend zu machen. Ein wesentlicher Vorteil für einen Geschädigten ist, dass auch seine zivilrechtlichen Ansprüche in nur einem Gerichtsver-

318

fahren entschieden werden. Für den Geschädigten hat das Adhäsionsverfahren weitere Vorteile: es gilt Amtsermittlung statt Parteimaxime und der Geschädigte kann als Zeuge in eigener Sache auftreten. Der Angeklagte wird außerdem unter dem Druck der zu erwartenden Strafe häufig eher zur Akzeptanz eines Schadensersatzes bereit sein als bei einem späteren Zivilverfahren. Schließlich gibt es im Adhäsionsverfahren keine klageabweisende Entscheidung, vielmehr kann allenfalls von einer Entscheidung gemäß § 406 Abs. 1 StPO abgesehen werden. In diesem Fall verbleibt dem Antragsteller aber die Möglichkeit, seine Ansprüche im Zivilrechtswege einzuklagen.

319 Obwohl für den Adhäsionsantrag kein Anwaltszwang besteht und Ansprüche aus verschiedenen Rechtsgründen beantragt werden können, werden Sie erfahrungsgemäß häufig in der Konstellation mit einem Adhäsionsantrag konfrontiert werden, dass das Opfer als Nebenkläger zugelassen und durch einen Rechtsanwalt vertreten ist. Meistens richtet sich der Antrag auf Zahlung von **Schmerzensgeld und allenfalls noch Schadenersatz** wegen einer erlittenen Körperverletzung, bei der das Opfer neben der Körperverletzung auch einen Vermögensschaden erlitten hat, zB dass die Kleidung des Opfers oder dessen Brille nach der Körperverletzung zerstört ist. Von einer Entscheidung darf in den Fällen, dass Zuerkennung von Schmerzensgeld beantragt wird, gemäß § 406 Abs. 1 S. 6 StPO nur abgesehen werden, falls der Antrag unzulässig oder unbegründet ist. An der Zulässigkeit des Adhäsionsantrages nach § 404 StPO wird es in den geschilderten Fällen selten fehlen. Im Falle der Verurteilung des Angeklagten wegen Körperverletzung wird der Anspruch auch dem Grunde nach bestehen. Zwar können hier im Einzelfall Erhebungen zur Höhe des Schmerzensgeldes erforderlich sein. In der Regel wird es aber so sein, dass von den Verletzten ein Schmerzensgeld in jedenfalls nicht unangemessener Höhe gefordert wird. Bei der Bemessung stehen die Höhe und das Maß der Lebensbeeinträchtigung im Vordergrund. Daneben können aber auch alle anderen Umstände berücksichtigt werden, die dem Schadensfall sein besonderes Gepräge geben, wie etwa der Grad des Verschuldens des Angeklagten, im Einzelfall auch die wirtschaftlichen Verhältnisse des Ange-

klagten und des Geschädigten. Es ist zu berücksichtigen, dass das Schmerzensgeld eine doppelte Funktion hat. Es soll dem Geschädigten einen angemessenen Ausgleich bieten für diejenigen Schäden, die nicht vermögensrechtlicher Art sind (Ausgleichsfunktion). Es soll zugleich dem Gedanken Rechnung tragen, dass der Schädiger dem Geschädigten für das, was er ihm angetan hat, Genugtuung schuldet (Genugtuungsfunktion). Die Höhe des Sachschadens lässt sich leicht durch die Angaben des Geschädigten bestimmen. Erforderlichenfalls können Zweifelsfragen regelmäßig durch Nachfragen geklärt werden.

Es dürfte Ihnen deshalb in diesen Fällen keine Schwierigkeit bereiten, in Ihrem Plädoyer auch hierzu einen begründeten Antrag zu stellen. Dieser kann zum Beispiel lauten:

▶ Ich beantrage außerdem, den Angeklagten zur Leistung von 1.000 Euro Schmerzensgeld sowie 700 Euro Schadenersatz für die zerstörte Brille und die zerstörte Jacke an den Nebenkläger zu verurteilen. ◀

VII. Verurteilung vor dem Jugendgericht

Mit dem Gesetz zur Stärkung der Opfer sexuellen Missbrauchs (StORMG) aus 2014 haben sich sowohl für Referendare als auch für junge Staatsanwälte erhebliche Änderungen ergeben, was die Bearbeitung von Jugendsachen und insbesondere die Wahrnehmung von Sitzungen vor dem Jugendgericht anbelangt.

Insbesondere sollen Referendare nach § 36 Abs. 2 JGG die Sitzungsvertretung vor dem Jugendgericht nur unter Aufsicht und im Beisein eines Jugendstaatanwaltes wahrnehmen. Ohne dass hierfür überzeugende Gründe vorlagen, hat mit dieser Vorschrift die eigenständige Wahrnehmung von Sitzungen vor dem Jugendrichter durch Referendare eine Beendigung erfahren.

Mit dem Gesetz zur Stärkung der Verfahrensrechte von Beschuldigten im Jugendstrafverfahren aus 2019, dass der Umsetzung einer EU-Richtlinie über Verfahrensgarantien in Strafverfahren für Kinder, die Verdächtige oder beschuldigte Personen im Strafverfahren sind, dient, hat sich eine Reihe von weiteren Änderungen ergeben. Diese wirken sich weitgehend jedoch schon im Ermittlungsverfahren aus und dürften für Ihre forensische Praxis vor dem Amtsgericht nur geringe praktische Auswirkungen haben.

322 In dem Verfahren vor dem Jugendgericht verbleibt ähnlich wie bei einem anwesenden Bewährungshelfer eine Überlegungspause vor dem Plädoyer. In diesen Verfahren ist ein Vertreter der **Jugendgerichtshilfe** anwesend. Dieser gibt noch vor den Plädoyers einen Bericht ab, der sich häufig auch schon als vorläufiger Bericht schriftlich in den Handakten befindet. Dieser Bericht verhält sich zur Person des Angeklagten, also zu dessen familiären und sozialen Hintergrund und zu dessen Entwicklung. Der Bericht äußert sich zur Frage, ob ein Jugendlicher gemäß § 3 JGG verantwortlich ist oder ob bei einem Heranwachsenden nach § 105 JGG Jugend- oder Erwachsenenstrafrecht anzuwenden ist. Schließlich macht der Vertreter der Jugendgerichtshilfe auch einen Vorschlag zu der nach seiner Ansicht angezeigten Sanktion. Diese Ausführungen können je nach persönlicher Kompetenz des Vertreters der Jugendgerichtshilfe für die angesprochenen und auch im Plädoyer zu berücksichtigenden Fragen wertvolle Hinweise und Hilfestellung geben. Sie sind jedoch selbstverständlich in keiner Weise verbindlich.

Natürlich ist es auch möglich, dass sowohl ein Bewährungshelfer als auch ein Vertreter der Jugendgerichtshilfe einen Bericht erstatten.

323 Grundsätzlich gilt § 257c StPO auch im Jugendgerichtsverfahren, so dass auch hier eine Verständigung in Betracht kommt. Allerdings dürfte im Hinblick auf den im Jugendgerichtsverfahren vorherrschenden Erziehungsgedanken hier eine Verständigung nur mit äußerster Zurückhaltung in Betracht kommen. Insoweit wird auch einer Verständigung darüber, ob bei einem Heranwachsenden Jugendstrafrecht oder allgemeines Erwachsenenstrafrecht anzuwenden ist, nur mit erheblicher Vorsicht zu treffen sein, auch wenn sie nach neuerer Auffassung möglich sein soll.

324 1) Bei **jugendlichen Angeklagten** ist zunächst festzustellen, ob diese überhaupt **strafrechtlich verantwortlich** sind. Dies erfordert gemäß § 3 JGG, dass der Jugendliche zur Zeit der Tat nach seiner sittlichen und geistigen Entwicklung reif genug gewesen sein

VII. Verurteilung vor dem Jugendgericht § 4

muss, das Unrecht der Tat einzusehen und nach dieser Einsicht zu handeln. Der Jugendliche muss Recht und Unrecht auseinander halten können und im Einzelfall verstehen können, dass die Rechtsordnung das Verhalten nicht erlaubt. Ob er das Unrecht tatsächlich eingesehen hat, ist dagegen nicht ausschlaggebend. Geistig und sittlich reif ist derjenige, dem bewusst war, dass er etwas Verbotenes tut. Außerdem muss der Jugendliche grundsätzlich in der Lage sein, aufgrund dieser Einsicht handeln zu können, dh er muss der Verlockungen der Tat widerstehen können. Dieses ist bei dem Angeklagten für die spezielle Tat festzustellen und kann sich bei Eigentumsdelikten anders darstellen als bei Beleidigungsdelikten. Dies ist besonders zu prüfen, wenn der angeklagte Tatbestand besondere Anforderungen an das Verantwortungsbewusstsein oder tiefere Einsichten in die Sozialordnung erfordert. Gleiches gilt bei Delikten, die von der Umwelt als Kavaliersdelikte angesehen werden. Natürlich wird diese Reife umso leichter zu bejahen sein, je mehr sich das Alter des Angeklagten dem eines Heranwachsenden nähert. In aller Regel werden allerdings selbst bei zur Tatzeit 14 Jahre alten Angeklagten in den wenigsten Fällen Zweifel an der strafrechtlichen Verantwortlichkeit bestehen.

2) Bei **Heranwachsenden** ist dagegen zu prüfen, ob sie nach Jugendstrafrecht oder nach Erwachsenenstrafrecht zu beurteilen sind. Für die Entscheidung dieser Frage kommt es gemäß § 105 JGG darauf an, ob der Heranwachsende zur Tatzeit nach der Gesamtwürdigung seiner Persönlichkeit einem Jugendlichen gleichstand oder es sich nach der Art, den Umständen oder den Beweggründen der Tat um eine Jugendverfehlung handelt. Auch insoweit ist natürlich das Alter ein erstes Indiz, aber kein Entscheidendes. Wenn die Tat in erster Linie entwicklungsbedingte Züge zeigt, spricht dies eher für die Anwendung des Jugendstrafrechtes. Zu berücksichtigen sind die Lebensumstände des Angeklagten: hat sich der Angeklagte vom Elternhaus gelöst und lebt eigenständig oder befindet er sich noch in fester Bindung zum Elternhaus; verfügt der Angeklagte über eine gewisse Lebens- und Berufsplanung oder hat er eine spielerische Einstellung zur Arbeit und lebt im Augenblick; ist er zu eigenständigem rationalen Ent-

325

scheiden in der Lage oder entsprechen seine Handlungen in erster Linie Augenblicksideen und dem vorherrschenden Trieb und Gefühlsleben. Eine jugendtypische Verfehlung liegt dann vor, wenn die Tat ihrem äußeren Erscheinungsbild nach kennzeichnend ist für Verfehlungen, wie sie bei Jugendlichen vorkommen. Hierbei dürfen auch die Beweggründe nicht übersehen werden. Bei allen Kriterien handelt es sich stets nur um Indizien. Der persönliche Eindruck des Angeklagten in der Hauptverhandlung wird hier oft den Ausschlag geben. Bleiben allerdings im Ergebnis Zweifel, ob der Heranwachsende noch einem Jugendlichen gleichsteht oder die Tat sich als Jugendverfehlung darstellt, so sollte Jugendstrafrecht angewendet werden. Hierbei ist jedoch nach dem Grundsatz „in dubio pro reo" die Entscheidung nicht allgemein zu treffen. Vielmehr ist zu prüfen, ob im konkreten Fall die Anwendung von Jugendstrafrecht oder die Anwendung von Erwachsenenstrafrecht zu einer weniger belastenden Rechtsfolge führt.

326 3) Ist Jugendstrafrecht anzuwenden, ist die erste Besonderheit, dass in Jugendsachen bei Vorliegen mehrerer Taten keine Einzelstrafen ausgesprochen werden und danach auch keine Gesamtstrafe gebildet werden muss.

§ 31 JGG regelt die besonderen Folgen der Tatmehrheit im Jugendstrafrecht. Nach § 31 Abs. 1 JGG setzt der Jugendrichter auch dann, wenn ein Jugendlicher (oder ein Heranwachsender, auf den Jugendstrafrecht anzuwenden ist) nur **einheitlich** Erziehungsmaßregeln, Zuchtmittel oder eine Jugendstrafe fest. Allerdings können, soweit es nach § 8 JGG zulässig ist, ungleichartige Erziehungsmittel und Zuchtmittel nebeneinander angeordnet oder Maßnahmen mit der Strafe verbunden werden. Hierbei dürfen natürlich die gesetzlichen Höchstgrenzen des Jugendarrestes und der Jugendstrafe nicht überschritten werden.

327 Weiter ist besonders **§ 31 Abs. 2 JGG** zu beachten, der eine gewisse Parallele zu § 55 StGB aufweist, aber dessen Voraussetzungen und Folgen wesentlich weitergehen als die nachträgliche Gesamtstrafenbildung im Erwachsenenstrafrecht. Ist nämlich ein Jugendlicher/Heranwachsender bereits verurteilt worden, aber die Verurteilung noch nicht vollständig ausgeführt, verbüßt oder sonst erledigt, so **wird die vorherige Verurteilung einbezogen** und nur ein-

VII. Verurteilung vor dem Jugendgericht § 4

heitlich auf eine einheitliche Maßnahme oder Jugendstrafe erkannt. Im Gegensatz zu § 55 StGB wird ein rechtskräftiges Urteil auch dann einbezogen, wenn die weitere Straftat nicht vor, sondern nach der Verkündung des 1. Urteils gelegen hat. Von dieser Einbeziehung ist nur dann abzusehen, wenn dies aus erzieherischen Gründen zweckmäßig erscheint. Das kann dann zu bejahen sein, wenn die neue Tat auf einer ganz anderen Ebene liegt, wenn die Einbeziehung zu einer unverhältnismäßig langen Jugendstrafe zwingen würde oder wenn eine Ergänzung der früheren Maßnahme geboten erscheint. Es handelt sich bei dieser Entscheidung der Nichteinbeziehung immer um eine Ermessensentscheidung, die auf den besonderen Einzelfall bezogen sein muss.

Liegen die Voraussetzungen vor, muss das vorherige Urteil einbezogen werden. Einbezogen werden nicht nur die Maßnahmen des Urteils, sondern das Urteil selbst mit seinem Schuldspruch, wobei der Schuldspruch und seine tragenden Ausführungen bindend sind.

Im Falle der Einbeziehung ist sodann unter zusammenfassender Würdigung der rechtskräftig erkannten und der neuen Taten auf diejenige einheitliche Strafe zu erkennen, die das Gericht aufgrund seiner jetzigen Erkenntnisse der Täterpersönlichkeit für alle Straftaten als angemessen ansieht. Die neue Strafe kann deshalb sogar milder ausfallen als die Rechtsfolge der früheren Verurteilung. Entscheidungen hinsichtlich einer Bewährung einer vorherigen Jugendstrafe sind neu zu treffen. Gleiches gilt hinsichtlich etwaiger Nebenstrafen und Folgen.

▶ **Der Antrag lautet zB.** Ich beantrage, den Angeklagten unter Einbeziehung der Verurteilung vom 20.12.2019 (Aktenzeichen...) zu 2 Wochen Jugendarrest zu verurteilen. ◀

Schließlich muss man noch § 32 JGG beachten. Werden mehrere Straftaten abgeurteilt auf die – wegen des unterschiedlichen Alters zu Tatzeit – teils Jugendstrafrecht und teils Erwachsenenstrafrecht anzuwenden wäre, gilt einheitlich das Jugendstrafrecht, wenn das Schwergewicht bei den Straftaten liegt, die nach Jugendstrafrecht zu beurteilen sind. Ist dies nicht der Fall, ist einheitlich das allgemeine Strafrecht anzuwenden. Anzeichen für das

Kriterium des Schwergewichts sind zum einen die Anzahl der Taten und deren äußerer und innerer Unrechtshalt. Zum anderen kommt es aber auch auf die Qualität der Taten im Zusammenhang mit deren Verlauf und der Persönlichkeitsentwicklung des Angeklagten an. Nicht zulässig ist es nach dieser Vorschrift also bei gleichzeitiger Aburteilung von mehreren Taten sowohl auf Jugendstrafrecht als auch auf Erwachsenenstrafrecht zu erkennen. Lässt sich nicht eindeutig erkennen, dass das Schwergewicht bei den nach Jugendstrafrecht zu beurteilenden Strafen liegt, so ist für alle Taten allgemeines Strafrecht anzuwenden.

330 4) Das Jugendstrafrecht sieht folgende Möglichkeiten der Verfahrensbeendigung bzw. folgende Sanktionen vor:
1. Einstellung gem. § 47 JGG,
2. Erziehungsmaßregeln/Weisungen gem. § 9 ff. JGG,
3. Zuchtmittel gem. § 13 ff. JGG,
4. Jugendstrafe gem. § 17 ff. JGG.

331 Im Einzelnen:
Einstellung gemäß § 47 JGG: Die Einstellung nach § 47 JGG erfordert immer die Zustimmung des Sitzungsvertreters. Die Einstellung ist unter verschiedenen Voraussetzungen zulässig. Der Hauptanwendungsfall ist der des § 47 Abs. 1 Ziff. 1 StGB. Danach ist eine Einstellung zulässig, wenn die Voraussetzungen des § 153 StPO vorliegen. Insoweit gelten die dortigen Ausführungen. Der zweite häufige Anwendungsfall ist § 47 Abs. 1 Ziff. 3 JGG. Danach kann der Richter das Verfahren einstellen und gegen den geständigen Jugendlichen eine Maßnahme nach § 45 Abs. 3 S. 1 JGG anordnen. Hierbei handelt es sich um eine einer Einstellung nach § 153a StPO ähnlichen Verfahrensweise. Maßnahmen, die in der Praxis häufig vorkommen sind die Weisung, an einem Verkehrskurs, an einem Kurs gegen Ladendiebstahl oder auch an einen Kurs, der sich an jugendliche Gewalttäter richtet, teilzunehmen.

332 Bei den **Erziehungsmaßregeln und Weisungen** im Sinne der § 9 ff. JGG handelt es sich in der Praxis meist um die Erteilung von Weisungen im Sinne des § 10 JGG. Weisungen im Sinne dieser Vorschrift sind Gebote und Verbote, welche die Lebensführung

VII. Verurteilung vor dem Jugendgericht § 4

des Jugendlichen regeln und dadurch seine Erziehung fördern und sichern sollen.

Hierbei kommen insbesondere in Betracht, Weisungen,
- die sich auf seinen Aufenthaltsort beziehen,
- Arbeitsleistungen zu erbringen,
- an einem sozialen Trainingskurs teilzunehmen,
- sich zu bemühen, einen Ausgleich mit dem Verletzten zu erreichen (Täter-Opfer-Ausgleich)
- oder an einem Verkehrskurs teilzunehmen.

Die Weisung soll für den Angeklagten sinnvoll sein und nach Möglichkeit soll ein inhaltlicher Bezug zwischen der Tat und der Art der Weisung bestehen, weil hierdurch in der Regel die erzieherische Aufgabe der Weisung erleichtert wird.

Insofern besteht eine gewisse Überschneidung mit den **Zuchtmitteln** des § 13 JGG. Zuchtmittel sind nämlich die **Verwarnung, die Erteilung von Auflagen und der Jugendarrest**. Zuchtmittel haben im Gegensatz zu den Erziehungsmaßregeln und Weisungen der §§ 9 JGG jedenfalls nach der gesetzlichen Konzeption repressiven Charakter, wenn sich der Unterschied einem jugendlichen Angeklagten in der Praxis auch häufig kaum erschließen wird. Hier soll der Eingriff nicht allein der Erziehung, sondern auch dem Schuldausgleich und der Vergeltung dienen. Wie es § 13 JGG ausdrückt, soll dem Angeklagten hiermit eindringlich zum Bewusstsein gebracht werden, dass er für ein begangenes Unrecht einzustehen hat. Zuchtmittel sollen im Gegensatz zu Erziehungsmaßregeln und Jugendstrafe nicht auf Dauerwirkung angelegt sein. Sie sind zu verhängen, wenn Erziehungsmaßregeln nicht ausreichen, aber eine Jugendstrafe noch nicht geboten ist. Neben der möglichen **Verwarnung** im Sinne des § 14 JGG kommen **Auflagen** im Sinne des § 15 JGG und **Jugendarrest** im Sinne des § 16 JGG oder auch des § 16a JGG in Betracht.

333

Bei den **Auflagen** im Sinne des § 15 JGG sind praxisrelevant zum einen die **Arbeitsauflagen**, zum anderen die **Geldauflagen**. In der Regel werden Arbeitsauflagen zwischen 20 und 300 Stunden verhängt. Die Geldauflagen orientieren sich an der Höhe des Einkommens des Angeklagten.

334

§ 4 Plädoyer

Bei der Wahl der Sanktion ist aufgrund des Erziehungsgedankens die persönliche Situation des Angeklagten zu berücksichtigen. Ist der Angeklagte zB arbeitslos und verfügt über viel freie Zeit, bietet sich eine Arbeitsauflage an. Befindet er sich dagegen in einer anstrengenden Berufsausbildung und verfügt über Einkommen, kommt eher eine Geldauflage in Betracht. Diese kann dann an seinen monatlichen Einkünften gemessen werden. Der Antrag richtet sich aber immer auf die Auferlegung der Zahlung einer Geldsumme im Ganzen als Betrag. Die Errechnung von Tagessätzen ist unzulässig.

335 Bei der Verhängung von **Jugendarresten** im Sinne des § 16 JGG kommen in Betracht:
1. Freizeitarreste,
2. Kurzarreste,
3. Dauerarreste.

Der **Freizeitarrest** darf immer nur während der Freizeit vollzogen werden. Es dürfen ein oder zwei Freizeitarreste verhängt werden, die dann üblicherweise von Samstag bis Montag früh verbüßt werden.

Der **Kurzarrest** stellt eine Ersatzform des Freizeitarrestes für solche Fälle dar, in denen der Freizeitarrest aus Erziehungsgründen unzweckmäßig ist oder nicht in Betracht kommt. Zwei Tage Kurzarrest stehen einer Freizeit gleich. Er kommt deshalb dann in Betracht, wenn Ausbildung oder Arbeit nicht beeinträchtigt werden, zum Beispiel im Urlaub oder in Fällen von Arbeitslosigkeit.

Die härteste Sanktion im Rahmen der Jugendarreste ist der **Dauerarrest**, der mindestens **eine** Woche und höchstens **vier** Wochen beträgt. Er wird zwar nach dem Gesetz in vollen Tagen oder Wochen bemessen. In der Praxis wird er jedoch fast ausnahmslos in Wochen bemessen, wobei die Verhängung von nur einer Woche die Ausnahme ist und gegenüber der Verhängung von Freizeitarresten zurücktritt.

336 Schließlich kommt als strengste Sanktion im Jugendstrafrecht die Verhängung einer **Jugendstrafe** in Betracht – § 17 JGG. Nach § 39 Abs. 1 JGG werden Verfahren, in denen nach Einschätzung des Anklageverfassers die Verhängung einer Jugendstrafe zu er-

VII. Verurteilung vor dem Jugendgericht §4

warten ist, vor dem Jugendschöffengericht angeklagt. Gleichwohl kann auch der Jugendeinzelrichter gemäß § 39 Abs. 2 JGG eine Jugendstrafe verhängen, jedoch maximal in der Höhe von einem Jahr. Die Verhängung einer Jugendstrafe kommt erst in Betracht, wenn die vorgenannten Sanktionen als nicht ausreichend erscheinen.

Voraussetzung für die Verhängung einer Jugendstrafe ist gemäß § 17 Abs. 2 JGG, dass entweder wegen der **schädlichen Neigung** des Jugendlichen, die in der Tat hervorgetreten sind, Erziehungsmaßregeln oder Zuchtmittel zur Erziehung nicht ausreichen oder wegen der **Schwere der Schuld** Strafe erforderlich ist.

Schädliche Neigungen liegen vor, wenn ohne längere Gesamterziehung die Gefahr der Begegnung weiterer solcher Straftaten besteht, die nicht nur „gemeinlästig" sind oder den Charakter von Bagatelldelikten haben. Gelegenheits-, Konflikt- und Notdelikte weisen in der Regel noch nicht auf schädliche Neigungen hin, auch nicht Delikte, die einer Augenblickssituation entspringen. Allerdings erfordert die Bejahung von schädlichen Neigungen andererseits auch nicht strafrechtliche Vorbelastungen, sondern kann bereits bei der ersten registrierten Straftat erfolgen, wenn sich hierin Persönlichkeitsmängel offenbaren. Schädliche Neigungen müssen bei Tatbegehung und zum Zeitpunkt der Urteilsentscheidung vorliegen und in der Tat hervorgetreten sein. Die Tat muss also gerade Ausfluss der Persönlichkeitsmängel sein. Insoweit ist zu beachten, dass dem äußeren Unrechtsgehalt der Tat und ihrer Einstufung als Verbrechen keine eigenständige Bedeutung zukommt. Vielmehr ist auch bei Taten, die nach der Einstufung des Strafgesetzbuches als Verbrechen allgemein erhebliches Gewicht haben, entscheidend, welche Schlüsse aus dem äußeren Unrechtsgehalt der Tat auf die charakterliche Haltung und die Persönlichkeit des Täters gezogen werden können. 337

Alternativ ist Jugendstrafe zu verhängen, wenn die **Schwere der Schuld** zu bejahen ist. Diese beurteilt sich unter Einbeziehung der Tatmotivation nach der jeweiligen Form der Einzeltatschuld und dem Grad der Schuldfähigkeit. Das äußere Tatgeschehen ist insoweit zu berücksichtigen, als es Schlüsse auf das Maß der persönlichen Schuld zulässt. Bei Beurteilung dieser Frage ist zwar immer 338 auch auf die Verantwortungsfähigkeit des Jugendlichen abzustellen. Die Schwere des Unrechts und des angerichteten Schadens werden hier aber erhebliche Indizwirkung zeigen. Taten, die nach dem allgemeinen Strafrecht als Verbrechen oder ansonsten als besonders schwere Straftaten einzuordnen sind, werden nicht unerheblich für die Annahme der Schwere der Schuld sprechen. Fahrlässigkeitstaten werden zB in der Regel ausscheiden. Zu beachten ist aber, dass Jugendstrafe wegen der Schwere der Schuld nach der Rechtsprechung des Bundesgerichtshofes nur dann zulässig ist, wenn dies auch aus erzieherischen Gründen erforderlich ist.

Es können natürlich auch beide Voraussetzungen, also „schädliche Neigungen" und „Schwere der Schuld" zusammentreffen.

339 Bei Beantragung einer Jugendstrafe ist besonders zu beachten, dass das Mindestmaß der Jugendstrafe **nach § 18 JGG sechs Monate** beträgt. **Höchstmaß** ist gegenüber zur Tatzeit Jugendlichen danach **fünf Jahre**. Vor dem Jugendrichter nicht zu erwarten sind Fälle des § 18 Abs. 1 S. 2 JGG, in denen das Höchstmaß der Jugendstrafe bei Jugendlichen auf zehn Jahre angehoben ist (Verbrechen, die nach dem allgemeinen Strafrecht mit mehr als zehn Jahren Freiheitsstrafe bedroht sind). Gemäß § 105 Abs. 3 JGG gilt für zur Tatzeit Heranwachsende ein Höchstmaß von zehn Jahren Jugendstrafe, bei einer Verurteilung wegen Mordes von 15 Jahren Jugendstrafe.

Bei der Bemessung der Höhe der Jugendstrafe ist zu beachten, dass diese sich in erster Linie an dem Erziehungszweck zu orientieren hat (§ 18 Abs. 2 JGG).

340 Die Jugendstrafe kann nach § 21 JGG zur Bewährung ausgesetzt werden. Insoweit gelten ähnliche Überlegungen wie im Erwachsenenstrafrecht, allerdings mit einigen Besonderheiten.

Insofern ist nach § 21 Abs. 1 JGG bei der Verhängung einer Jugendstrafe von nicht mehr als einem Jahr in die für die Aussetzung zur Bewährung entscheidende Sozialprognose einzubeziehen, ob die erzieherische Einwirkung auf den Angeklagten durch die Bewährungsauflagen ausreichen wird, um ihn von künftigen Straftaten abzuhalten.

VII. Verurteilung vor dem Jugendgericht §4

Bei Verurteilungen zu einer Jugendstrafe von einem Jahr bis zwei Jahren kommt es entgegen § 56 Abs. 2 StGB nicht darauf an, ob besondere Umstände vorliegen, die eine Strafaussetzung zur Bewährung gebieten. Vielmehr ist danach darauf abzustellen, ob die Vollstreckung der Jugendstrafe im Hinblick auf die Entwicklung des Angeklagten geboten ist.

Eine weitere Besonderheit im Jugendstrafverfahren ist die Möglichkeit der vorbehaltenen Jugendstrafe nach § 27 JGG. Kann danach nicht mit Sicherheit beurteilt werden, ob in der Straftat eines Jugendlichen schädliche Neigungen von einem Umfang hervorgetreten sind, dass eine Jugendstrafe erforderlich ist, so kann der Richter die Schuld des Jugendlichen feststellen, die Entscheidung über die Verhängung der Jugendstrafe aber für eine von ihm zu bestimmende Bewährungszeit aussetzen. Ist eine Jugendstrafe (auch) wegen der Schwere der Schuld zu verhängen, kommt eine Aussetzung nach dieser Vorschrift nicht in Betracht. Liegen die Voraussetzungen jedoch vor, wird lediglich die Schuld des Angeklagten festgestellt, so dass auch eine bestimmte Strafhöhe nicht zu beantragen ist. 341

▶ **Der Antrag lautet zB.** Ich beantrage, den Angeklagten des Diebstahls schuldig zu sprechen und die Entscheidung über die Verhängung einer Jugendstrafe zur Bewährung auszusetzen. ◀

Stellt sich im Laufe der Bewährungszeit heraus, dass die in dem Schuldspruch missbilligte Tat auf schädliche Neigungen von einem Umfang zurückzuführen ist, dass eine Jugendstrafe erforderlich ist, so erkennt das Gericht in einer neuerlichen Verhandlung im Nachverfahren gemäß § 30 Abs. 1 JGG auf die Strafe, die es im Zeitpunkt des Schuldspruchs bei sicherer Beurteilung der schädlichen Neigungen des Jugendlichen ausgesprochen hätte. Hat der Angeklagte zu diesem Zeitpunkt weitere Straftaten begangen und ist wegen dieser verurteilt worden, sind diese entsprechend einzubeziehen.

Andernfalls wird die Strafe nach Ablauf der Bewährungsfrist erlassen (§ 30 Abs. 2 JGG).

Mit dem Gesetz zur Erweiterung der jugendgerichtlichen Handlungsmöglichkeiten aus 2013 wurde mit § 61 JGG die weitere 342

Möglichkeit geschaffen, die Entscheidung zur Aussetzung der verhängten Jugendstrafe zur Bewährung bei Jugendlichen (mangels Verweisung in § 105 JGG nicht bei Heranwachsenden) einer nachträglichen Beschlussfassung vorzubehalten.

Dies ist zum einen möglich, wenn nach § 61 Abs. 1 JGG zum Zeitpunkt der Hauptverhandlung noch nicht zu erwarten ist, dass der Jugendliche sich straffrei führen wird, jedoch aufgrund von Ansätzen in der Lebensführung des Jugendlichen oder sonstigen Umständen die Aussicht besteht, dass dies gelingen wird. Dies kann zum Beispiel in Betracht kommen, wenn der Jugendliche kurz vor der Hauptverhandlung eine Ausbildung begonnen hat oder sich aus sonstigen Umständen eine Änderung in der charakterlichen Haltung oder Persönlichkeit begonnen hat, die aber noch nicht abschließend beurteilt werden kann.

Zum anderen kommt nach § 61 Abs. 2 JGG ein entsprechender Vorbehalt in Betracht, wenn zu den in der Hauptverhandlung angesprochenen Ansätzen weitere Ermittlungen erforderlich erscheinen und die hierfür erforderliche Unterbrechung oder Aussetzung der Hauptverhandlung erzieherisch nachteilig erscheint oder zu unverhältnismäßigen Verzögerungen führen würde.

Bei der vorbehaltenen Bewährungsaussetzung ist nach § 61a JGG spätestens nach 6 Monaten über die Aussetzung zu entscheiden. Die Frist kann auch kürzer gewählt werden. Mit Einverständnis des Angeklagten kann die Höchstfrist auch auf neun Monate verlängert werden. Es können dementsprechend nur solche Umstände entscheidungserheblich sein, die innerhalb der gesetzten Frist eine Beurteilung der Frage erlauben werden.

343 Mit dem Gesetz zur Erweiterung der jugendgerichtlichen Handlungsmöglichkeiten wurde auch die lang stark umstrittene und auch weiterhin kriminalpolitisch teilweise hart kritisierte Möglichkeit der Verhängung des sogenannten Koppelungs- oder Warnschussarrestes nach § 16a JGG eingeführt. Dieser eröffnet die vorher ausgeschlossene Möglichkeit, dass abweichend von § 13 JGG gegen den Angeklagten, gegen den die Vollstreckung einer Jugendstrafe nach § 21 JGG oder die Verhängung der Jugendstrafe nach § 27 JGG zur Bewährung ausgesetzt werden,

VII. Verurteilung vor dem Jugendgericht § 4

flankierend ein Jugendarrest angeordnet werden kann. Schon die grundsätzliche gesetzliche Schaffung dieser Möglichkeit wurde kriminalpolitisch erheblich kritisiert. Diese Kritik setzt sich in der praktischen Anwendung fort, in der teilweise erhebliche Bedenken geäußert werden, dass die Anordnung des Arrestes auch unter gesetzwidriger Anwendung der Vorschrift erfolge. Bei der Verhängung eines Arrestes nach § 16a sollte deshalb besonderes Augenmerk auf die strikte Beachtung der gesetzlichen Voraussetzungen gelegt werden.

Die Verhängung des Arrestes ist nur zulässig, wenn sie zu einem bestimmten Zweck geboten ist.

Diese Zwecke sind in § 16a JGG aufgezählt: wenn dies geboten ist,
1) unter Berücksichtigung der Belehrung über die Bedeutung der Aussetzung zur Bewährung und unter Berücksichtigung der Möglichkeit von Weisungen und Auflagen, um dem Jugendlichen seine Verantwortlichkeit für das begangene Unrecht und die Folgen weiterer Straftaten zu verdeutlichen,
2) um den Jugendlichen zunächst für eine begrenzte Zeit aus einem Lebensumfeld mit schädlichen Einflüssen herauszunehmen und durch die Behandlung im Vollzug des Jugendarrests auf die Bewährungszeit vorzubereiten, oder
3) um im Vollzug des Jugendarrests eine nachdrücklichere erzieherische Einwirkung auf den Jugendlichen zu erreichen oder um dadurch bessere Erfolgsaussichten für eine erzieherische Einwirkung in der Bewährungszeit zu schaffen.

Die Möglichkeit des Warnschussarrestes sollte nach der gesetzgeberischen Intention für solche Angeklagte eröffnet werden, die erstmals zu einer Jugendstrafe mit Bewährung verurteilt werden, ohne vorher jemals einen Arrest verbüßt zu haben. Dem trägt die Regelung des § 16a Abs. 2 JGG Rechnung.

Denn danach ist die Verhängung eines Jugendarrests nach Abs. 1 Nr. 1 in der Regel nicht geboten, wenn der Jugendliche bereits früher Jugendarrest als Dauerarrest verbüßt oder sich nicht nur kurzfristig im Vollzug von Untersuchungshaft befunden hat. Letztlich soll die Verhängung des Warnschussarrestes subsidiär gegenüber den anderen zur erzieherischen Einwirkung auf den Angeklagten möglichen Maßnahmen sein.

Auch obliegt bei der Verhängung dem Gericht, die Pflicht zu prüfen, ob eine erzieherisch geeignete Gestaltung des Vollzuges des Arrestes und die Betreuung zu erwarten ist, die geeignet ist, das angestrebte Sanktionsziel zu erreichen.

344 Bei Jugendlichen kann nach § 74 JGG davon abgesehen werden, dem Jugendlichen **Kosten und Auslagen** aufzuerlegen. Nach BGH NStZ 89, 239 gilt dies aber nicht bezüglich seiner notwendigen Auslagen, die der Jugendliche selbst tragen muss.

VIII. Freispruch

345 1) Wenn Sie einen Freispruch beantragen, wird im Plädoyer zunächst kurz der gegen den Angeklagten erhobene Vorwurf geschildert. Meist erfolgt ein Freispruch, weil der Anklagevorwurf in der Hauptverhandlung nicht erwiesen worden ist. Deshalb folgt im Anschluss an die Schilderung des Anklagevorwurfes je nach Umfang und Eindeutigkeit des Ergebnisses die Beweiswürdigung. Wichtig ist es, sich auf die entscheidenden Punkte zu beschränken und nicht zu moralisieren. Meistens wird es ausreichen, knapp die Einlassung des Angeklagten wiederzugeben, zu würdigen und dann die Beweise darzustellen und zu würdigen, die zum Freispruch führen.

346 Die Kostenfolge des Freispruchs ergibt sich aus §§ 467, 469, 470 StPO. Danach werden die Kosten und notwendigen Auslagen des Angeklagten der Staatskasse auferlegt.

347 2) Im Falle der Beantragung eines Freispruches (auch bei einer Einstellung) wird leider manchmal übersehen, dass eine Nebenentscheidung nach dem **Gesetz über die Entschädigung für Strafverfolgungsmaßnahmen (StrEG)** notwendig ist.

Nach diesem Gesetz kann der Angeklagte eine Entschädigung verlangen, wenn er aufgrund von Strafverfolgungsmaßnahmen einen Schaden erlitten hat.

VIII. Freispruch § 4

§ 8 StrEG schreibt vor, dass über die Verpflichtung zur Entschädigung das Gericht in dem Urteil oder Beschluss entscheidet, der das Verfahren abschließt.

Wegen der Bedeutung dieser Vorschriften und dem Umstand, dass eine solche Entscheidung gelegentlich unterbleibt und dies die Anfechtung mit der sofortigen Beschwerde erfordert, sollen die in der Praxis vor dem Einzelrichter relevanten Umstände hier kurz skizziert werden.

Entschädigungsauslösende Strafverfolgungsmaßnahmen können sein
- Untersuchungshaft,
- vorläufige Festnahme,
- Durchsuchung,
- Sicherstellung, Beschlagnahme, Arrest,
- vorläufige Entziehung der Fahrerlaubnis.

Die weiteren, in dem abschließenden Katalog des § 2 StrEG aufgeführten Maßnahmen werden in der Praxis kaum je relevant sein.

Ist eine der genannten Strafverfolgungsmaßnahmen in dem Verfahren ergriffen worden, so **muss** das Gericht eine **Grundentscheidung** nach § 8 StrEG treffen. Das Gericht muss dem Grunde nach feststellen, dass der Angeklagte für diese Strafverfolgungsmaßnahme zu entschädigen ist oder dass der Angeklagte nicht zu entschädigen ist. Im Falle der positiven Grundentscheidung ist die Art und gegebenenfalls der Zeitraum der Strafverfolgungsmaßnahme, für die Entschädigung zuzusprechen ist, möglichst genau zu bezeichnen. Diese Entscheidung ist Grundlage des späteren Betragsverfahrens nach § 10ff. StrEG, in dem die Höhe der Entschädigung festzusetzen ist.

Gegenstand der Entschädigung ist nach § 7 StrEG der durch die Strafverfolgungsmaßnahme verursachte **Vermögensschaden**. Nur im Falle der Freiheitsentziehung ist aufgrund einer entsprechenden gerichtlichen Entscheidung auch der Schaden zu entschädigen, der nicht Vermögensschaden ist.

Der Antrag würde also bei positiver Entscheidung zB lauten:

352 ▶ Ich beantrage den Angeklagten freizusprechen. Die Kosten und notwendigen Auslagen des Angeklagten sind der Staatskasse aufzuerlegen Es wird weiter beantragt, gemäß § 8 StrEG festzustellen, dass der Angeklagte für einen durch die vorläufige Entziehung seiner Fahrerlaubnis in der Zeit vom 1.2.2019 bis zum 30.6.2019 erlittenen Vermögensschaden nach § 2 StrEG zu entschädigen ist. ◀

353 Bei der Entscheidung über die Entschädigung sind besonders die **Ausschlussgründe des § 5 StrEG und die Versagensgründe des § 6 StrEG** zu beachten.

Nach § 5 Abs. 1 StrEG ist eine Entschädigung für die vorläufige Entziehung der Fahrerlaubnis **ausgeschlossen**, wenn von der Entziehung der **Fahrerlaubnis** nur deshalb abgesehen worden ist, weil ihre Voraussetzungen **nicht mehr** vorlagen.

354 Nach § 5 Abs. 2 StrEG ist die Entschädigung **ausgeschlossen**, wenn und soweit der Angeklagte die Strafverfolgungsmaßnahme **vorsätzlich oder grob fahrlässig verursacht** hat. Sie wird nicht dadurch ausgeschlossen, dass der Angeklagte sich darauf beschränkt hat, nicht zur Sache auszusagen, oder dass er es unterlassen hat, ein Rechtsmittel einzulegen.

355 Nach § 5 Abs. 3 StrEG ist die Entschädigung ferner ausgeschlossen, wenn und soweit der Angeklagte die Strafverfolgungsmaßnahme dadurch **schuldhaft verursacht** hat, dass er einer ordnungsgemäßen Ladung vor den Richter nicht Folge geleistet hat oder einer Anweisung nach §§ 116 Abs. 1 Nr. 1 bis 3, Abs. 3 StPO nicht Folge geleistet hat.

356 Der in der Praxis relevanteste Fall ist der **einer vorsätzlichen oder grob fahrlässigen Verursachung der Maßnahme.**

Diese Vorschrift beruht letztlich auf dem Rechtsgedanken des § 254 BGB. Es ist insoweit ohne Bedeutung, ob das Verhalten des Angeklagten bereits in der Tat lag, ihr vorausging oder der Tat nachfolgte. Das Verhalten muss allerdings ursächlich für die Strafverfolgungsmaßnahme gewesen sein. Beruhte die Maßnahme allein auf anderen Ursachen, zB auf Zeugenaussagen, so ist eine Ursächlichkeit zu verneinen. Der Begriff der groben Fahrlässig-

VIII. Freispruch   § 4

keit entspricht den §§ 276, 277 BGB. Grob fahrlässig handelt danach der Angeklagte, der nach objektiven, abstrakten Maßstäben in ungewöhnlichem Maß die Sorgfalt außer Acht lässt, die ein verständiger Mensch in gleicher Lage anwenden würde, um sich vor Strafverfolgungsmaßnahmen zu schützen. Bei der Beurteilung dieses Maßstabes ist nicht auf das Ergebnis der Hauptverhandlung abzustellen, sondern darauf, wie sich der Sachverhalt zu dem Zeitpunkt dargestellt hat, als die Strafverfolgungsmaßnahme angeordnet und vollzogen wurde.

Nach diesen Grundsätzen entfällt ein Entschädigungsanspruch für erlittene Untersuchungshaft, wenn der Angeklagte durch die Tat oder sein Verhalten einen Haftbefehl geradezu herausgefordert hat. Hierunter fallen Versuche, sich ein falsches Alibi zu verschaffen oder unlautere Einwirkungen auf Zeugen, um diese zu einer bestimmten Aussage zu veranlassen. Auch derjenige, der es unterlässt, durch zumutbares Verhalten den gegen ihn gerichteten Tatverdacht zu entkräften oder sich trotz einschlägiger Vorstrafen in eine Schlägerei verwickeln lässt oder bei einem nicht genehmigten Aufzug mitmarschiert und bei seiner Festnahme Widerstand leistet, verhält sich grob fahrlässig. 357

Hinsichtlich der **vorläufigen Entziehung der Fahrerlaubnis** ist grobe **Fahrlässigkeit bei einer Blutalkoholkonzentration über 0,5 %o zu bejahen** (§ 24a StVG). Bei einer geringeren BAK wird grobe Fahrlässigkeit dann zu bejahen sein, wenn der Tatverdacht durch ein vorwerfbares verkehrswidriges Verhalten verstärkt wird. Auch derjenige, der nach einem Unfall zu einem Zeitpunkt, in dem noch mit polizeilichen Ermittlungen zu rechnen ist, nachtrinkt, oder sich vom Unfallort entfernt und dadurch die Ausräumung des gegen ihn bestehenden Verdachtes verhindert oder den wahren Namen des Fahrers verschweigt oder sonst das Einschreiten der Polizei herausfordert, verhält sich grob fahrlässig. Gleiches gilt für denjenigen, der nach der Einnahme von Betäubungsmitteln in engem zeitlichem Zusammenhang ein Kraftfahrzeug steuert. 358

Nach § 6 StrEG ist eine Entschädigung ganz oder teilweise zu versagen, wenn der Angeklagte 359

1. die Strafverfolgungsmaßnahme dadurch veranlasst hat, dass er sich selbst in wesentlichen Punkten wahrheitswidrig oder im Widerspruch zu seinen späteren Erklärungen belastet hat oder wesentliche entlastende Umstände verschwiegen hat, obwohl er sich zur Beschuldigung geäußert hat
oder
2. wegen einer Straftat nur deshalb nicht verurteilt wird oder das Verfahren gegen ihn eingestellt wird, weil er im Zustand der Schuldunfähigkeit gehandelt hat oder ein Verfahrenshindernis besteht.

360 Auch muss das Verhalten des Angeklagten für die Strafverfolgungsmaßnahme im vorgeschilderten Umfang ursächlich gewesen sein. Ausreichend, um die Entschädigung nach dieser Vorschrift versagen zu können, ist es auch, wenn der Angeklagte fahrlässig nicht erkannt hat, dass er die Strafverfolgungsmaßnahme durch sein eigenes Verhalten veranlasst. Denn § 5 Abs. 2 StrEG geht dem § 6 StrEG vor. Vorsatz kann deshalb im Rahmen des § 6 StrEG nicht verlangt werden, weil § 5 Abs. 2 StrEG Fahrlässigkeit, wenn auch nur grobe Fahrlässigkeit ausreichen lässt.

361 Hinsichtlich der wahrheitswidrigen oder mit späteren Erklärungen im Widerspruch stehenden Äußerungen kommt es darauf an, dass es sich um wesentliche Punkte handeln musste. Unerheblich ist bei widersprüchlichen Einlassungen, welches die wahre Einlassung war. Hinsichtlich des Verschweigens entlastender Umstände muss sich der Angeklagte als Beschuldigter wenigstens teilweise zur Sache geäußert haben und hierbei einen wesentlichen entlastenden Umstand verschwiegen haben, sei es bewusst, sei es in fahrlässiger Verkennung der Situation. In Betracht kommt hier insbesondere das Verschweigen des wahren Täters. Insofern bedarf es genauer Kenntnis des Aussageverhaltens des Angeklagten während des Ermittlungsverfahrens. Besonders zu beachten sind hier auch Erklärungen, die der Angeklagte anlässlich eines unmittelbaren Antreffens nach der Tat gegenüber den einschreitenden Polizeibeamten gemacht hat. Denn ob der Berücksichtigung dieser Erklärungen im Strafverfahren möglicherweise ein Verwertungsverbot entgegengestanden hat, ist hier unerheblich. Ebenso

ist unerheblich, ob der Angeklagte mit dem maßgeblichen Verhalten dem Rat seines Verteidigers gefolgt ist.

In solchen Fällen ist nach entsprechender Begründung neben dem Antrag auf Freispruch zu beantragen:

▶ Des Weiteren beantrage ich gemäß § 8, 5 Abs. 2 StrEG festzustellen, dass der Angeklagte für einen durch die vorläufige Entziehung seiner Fahrerlaubnis in der Zeit vom 1.2.2019 bis zum 30.6.2019 erlittenen Vermögensschaden nicht zu entschädigen ist, weil er diese Maßnahme selbst grob fahrlässig verursacht hat. ◀

3) Befand sich der Angeklagte in **Untersuchungshaft** ist natürlich im Falle eines Freispruches der Haftbefehl einschließlich etwaiger Verschonungsbeschlüsse aufzuheben. Auch dies ist zu beantragen.

IX. Teilfreispruch

Soll nicht wegen aller Taten Verurteilung beantragt werden, sondern teilweise Freispruch, so ist ein getrennter Schlussvortrag erforderlich. Es ist einmal ein gesonderter Gesamtvortrag hinsichtlich der Verurteilung bis einschließlich Strafzumessung und Antrag erforderlich. Hinsichtlich des freizusprechenden Teils erfolgt ebenfalls ein gesonderter Antrag. Am Ende folgen Ausführungen zu den Kosten. Es fallen die Kosten und notwendigen Auslagen dem Angeklagten zur Last, soweit er verurteilt worden ist. Im Übrigen gilt die Kostenfolge des Freispruchs.

X. Plädoyer des Verteidigers und Erwiderung

Im Anschluss an das Plädoyer des Staatsanwaltes folgt das Plädoyer des Verteidigers. Schon die Höflichkeit gebietet, diesem aufmerksam zuzuhören, ganz abgesehen davon, dass Sie hier gelegentlich viel lernen können. Es ist deshalb auch nicht angezeigt, schon während des Plädoyers des Verteidigers den Sitzungsbericht zu erstellen. Auf das Plädoyer des Verteidigers hat zwar grundsätzlich der Staatsanwalt das Recht zu erwidern. Von diesem Recht sollten Sie allerdings in der Regel keinen Gebrauch machen.

XI. Rechtsmittelverzicht

366 Nach der Urteilsverkündung verzichtet der Angeklagte nach Belehrung gelegentlich auf ein Rechtsmittel gegen das Urteil.

Der Referendar als Sitzungsvertreter soll gleichwohl keinen **Rechtsmittelverzicht** erklären. Diesbezüglich wird es in Ihrer Ausbildungsbehörde in der Regel Hausverfügungen geben. Sollten Ihnen diese in bestimmten Fällen die Erteilung eines Rechtsmittelverzichtes erlauben, können Sie natürlich unter diesen Bedingungen einen Rechtsmittelverzicht abgeben. Gleichwohl ist auch hier – wie bei der Zustimmung zu einer Einstellung wegen Geringfügigkeit – zu bedenken, dass eventuelle Fehlentscheidungen damit einer Überprüfung entzogen sind.

§ 5

§ 5 Nach der Hauptverhandlung/Sitzungsberichte

Nach der Hauptverhandlung ist für jede der einzelnen Strafsachen der Sitzungsbericht zu erstellen. Der Sitzungsbericht wird in der Handakte unter Verwendung eines Formulars, das neben dem Kopfbogen Platz für den eigentlichen Bericht und eine Verfügung enthält, erstellt.

Die Ausfüllung der Formularfelder sollte keine Schwierigkeiten bereiten.

Der eigentliche Sitzungsbericht, mit dem über den Ausgang des Verfahrens berichtet wird, wird im Falle der Sitzungswahrnehmung durch den Referendar von drei Personen gelesen. Diese lesen den Bericht mit unterschiedlicher Zielsetzung, die bei dem Erstellen berücksichtigt werden muss. Alle wollen natürlich Kenntnis vom Ausgang des Verfahrens oder sonstiger wissenswerter Umstände aus der Hauptverhandlung erhalten. Der Ausbilder des Referendars möchte sich auch ein Bild vom Leistungsstand des Referendars machen. Der Abteilungsleiter möchte vorrangig die Entscheidung treffen können, ob ein Rechtsmittel einzulegen ist. Der Dezernent schließlich möchte wissen, was aus seiner Anklage/seinem Strafbefehlsantrag geworden ist und hat ein besonderes Interesse die Gründe zu erfahren, falls Freispruch oder Einstellung erfolgt ist. Diese unterschiedlichen Blickweisen dürfen bei Abfassung des Sitzungsberichtes nicht aus den Augen verloren werden. Der Sitzungsbericht soll sich kurz und prägnant zu den wesentlichen Umständen verhalten. Anderseits darf sich der Bericht auch nicht in unverständlichen Floskeln erschöpfen. Dies gilt insbesondere, wenn das Verfahren eingestellt worden ist, Freispruch erfolgt ist oder wenn ein Rechtsmittel angeregt wird. Der Sitzungsbericht wird so erstellt, dass im Falle einer Entscheidung durch Urteil auf der linken Seite die Anträge durchnummeriert untereinander geschrieben werden. Jeweils rechts daneben wird zu den einzelnen Punkten die Entscheidung des Gerichtes notiert. Im Falle einer Einstellung oder sonstiger Umstände wird über die ganze Breite der Seite geschrieben. Im Folgenden sind die gebräuchlichen Abkürzungen verwendet und -soweit erforderlich – die Bedeutung in Klammern ergänzt.

367

368

§ 5 Nach der Hauptverhandlung/Sitzungsberichte

1) Ist der **Angeklagte nicht erschienen**, wird also zB über die ganze Breite der Seite notiert:

▶ Angeklagter ist unentschuldigt nicht erschienen. Ordnungsgemäße Ladung wurde festgestellt.
Auf meinen Antrag
   b.u.v. (beschlossen und verkündet)
1. Vertagung auf unbestimmte Zeit
2. Es erging Haftbefehl gemäß § 230 Abs. 2 StPO ◀

oder

▶ Angeklagter ist unentschuldigt nicht erschienen. Ordnungsgemäße Ladung wurde festgestellt.
   b.u.v.
1. Das Verfahren wird ausgesetzt.
2. Neuer Termin wird auf den 12.2.2020, 9:00 Uhr, Saal 127 festgesetzt.
3. Zu diesem Termin soll der Angeklagte vorgeführt werden. ◀

2) Ist ein **Zeuge nicht erschienen**, wird zum Beispiel notiert:

▶ Der Zeuge Ralf Meier ist trotz ordnungsgemäßer Ladung nicht erschienen. Auf den Zeugen konnte nicht verzichtet werden.
Auf meinen Antrag
   b.u.v.
1. Die Hauptverhandlung wird unterbrochen.
2. Fortsetzungstermin am 12.2.2020, 9:00 Uhr, Saal 127
3. Gegen den Zeugen wird ein Ordnungsgeld von 150 EUR, ersatzweise drei Tage Ordnungshaft festgesetzt. Der Zeuge trägt die durch sein Ausbleiben verursachten Kosten.
4. Zum Fortsetzungstermin soll der Zeuge vorgeführt werden. ◀

3) Im Falle **einer Einstellung nach § 153 StPO** sind die entscheidenden Gründe so vollständig und verständlich niederzulegen, dass der Abteilungsleiter und der Anklageverfasser die Entscheidung nachvollziehen können. Nicht ausreichend ist die floskelhafte Wiederholung des Gesetzestextes, dass das Verschulden gering sei und kein Interesse an der Strafverfolgung bestehe. Die gesetzlichen Voraussetzungen für die Einstellung sind den Beteiligten bekannt und können eine konkrete Begründung nicht ersetzen. Diese Begründung muss sich insbesondere zu den neuen Um-

ständen aus der Hauptverhandlung verhalten, die im Gegensatz zur Aktenlage bei Anklageverfassung nun eine Einstellung rechtfertigten.

Also zB.

▶ Der nicht vorbelastete Angeklagte hat zwischenzeitlich dem Geschädigten dessen Schaden ersetzt und zum Ausgleich für die durch den Betrug erlittenen Umstände 150 EUR gezahlt. Der Geschädigte hatte kein Interesse mehr an der Strafverfolgung.
Mit meiner Zustimmung
    b.u.v.
Das Verfahren wird gemäß § 153 StPO eingestellt. Die Kosten des Verfahrens trägt die Staatskasse. ◀

372

oder

▶ Der Angeklagte und das Opfer, das keine schwerwiegenden Verletzungen erlitten hat, haben sich in einem Gespräch versöhnt. Die Unfallkosten des Opfers hat der Angeklagte vollständig beglichen. Der Angeklagte hat zu Protokoll der Hauptverhandlung auf die Rückgabe des bei der Tat verwendeten Mofas, Marke Zündapp, verzichtet und insoweit das Eigentum auf den Fiskus übertragen.
Mit meiner Zustimmung.
    b.u.v.
1. Das Verfahren wird gemäß § 153 StPO eingestellt.
2. Die Kosten des Verfahrens trägt die Staatskasse. ◀

4) Im Falle einer Einstellung **gemäß § 153a StPO** gilt das Gleiche wie bei § 153 StPO.

Es kann also zum Beispiel heißen:

▶ Der Angeklagte zeigte sich nun erstmals hinsichtlich seines Fehlverhaltens geständig, einsichtig und reuig. Er entschuldigte sich aufrichtig bei dem Opfer, das die Entschuldigung angenommen hat. Auf die Aushändigung des bei der Tat verwendeten Besenstiels verzichtete er. Der Verzicht ist protokolliert worden.

373

Mit meiner Zustimmung

b.u.v.

1. Das Verfahren wird vorläufig gemäß § 153a StPO eingestellt gegen die Auflage in 6 Monatsraten zu je 100 EUR an das Deutsche Kinderhilfswerk zu zahlen.
2. Die Kosten des Verfahrens trägt die Staatskasse
3. Der Angeklagte trägt seine notwendigen Auflagen. ◀

Sowohl eine Einstellung nach § 153 StPO als auch eine Einstellung nach § 153a StPO kommt nach den gesetzlichen Voraussetzungen nicht in Betracht, wenn nach dem Ergebnis der Beweisaufnahme der Angeklagte freizusprechen gewesen wäre.

Begründungen „Die Tat war dem Angeklagten nicht nachzuweisen" oder „Dem Angeklagten war nicht nachzuweisen, dass er den Unfall bemerkt hatte" verbieten sich deshalb. Allein ist es zulässig, die Beweislage und verfahrensökonomische Grundsätze zu berücksichtigen, wenn die Beweisaufnahme nicht beendet ist. Gegen eine Begründung

▶ „Mehrere Zeugen, auf die nicht verzichtet werden konnte, waren entschuldigt nicht erschienen. Außerdem erschien die Einholung eines Sachverständigengutachtens zur Frage der Bemerkbarkeit des Unfalls angesichts des vom Angeklagten geführten mehrachsigen LKW erforderlich. Im Hinblick auf die fehlenden straf- und verkehrsrechtlichen Vorbelastungen des Angeklagten, würde die zu erwartende Strafe in keinem Verhältnis zu dem Aufwand und den Kosten der weiteren Beweisaufnahme stehen. Aus diesen Gründen erschien es vertretbar, von einer weiteren Verfolgung abzusehen." ◀

ist nichts einzuwenden.

5) Bei einer Einstellung gemäß **§ 154 StPO**:

▶ Der Angeklagte befindet sich inzwischen in dem neuen Verfahren 24 Ds 30 Js 2001/19 wegen Raubes in Untersuchungshaft. Die hier wegen Diebstahls zu erwartende Strafe würde nicht beträchtlich ins Gewicht fallen. Der Ladendetektiv als einziger Zeuge war nicht erschienen. Eine ordnungsgemäße Ladung konnte nicht festgestellt werden.

Nach der Hauptverhandlung/Sitzungsberichte § 5

Auf meinen Antrag
  b.u.v.

Das Verfahren wird gemäß § 154 StPO vorläufig im Hinblick auf das Verfahren 24 Ds 30 Js 2001/19 gegen den Angeklagten eingestellt. ◀

6) Im Falle einer **Verurteilung:** 377

1) <u>§ 242 StGB</u>	1) n.A. (Anmerkung: bedeutet „nach Antrag")
50 Ts zu je 20 EUR	
2) <u>§ 246 StGB</u>	2)
40 Ts zu je 20 EUR	30 Ts zu je 20 EUR
3) Gesamtgeldstrafe	3) Gesamt:
70 Ts zu je 20 EUR	60 Ts zu je 20 EUR

Ts (Tagessätze)

oder

1) Tat zu 1) der Anklage:
   10 Monate FS
2) Tat zu 2) der Anklage   alles n.A.
   8 Monate FS
3) Gesamt FS:
   1 Jahr 2 Monate o.B.
   (ohne Bewährung)
4) Haftfortdauer anordnen

7) Im Falle eines **Freispruches** 378

1) Freispruch	1) n.A.
2) Kein StrEG	2) StrEG

▶ Der Angeklagte bestritt die Tat. Er ließ sich erstmals ein, dass er zur Tatzeit in einem Hotel in Süddeutschland gewesen sei und übergab eine Ablichtung einer Hotelrechnung. Sämtliche Zeugen konnten den Angeklagten nicht mit hinreichender Sicherheit als Täter identifizieren.

Vermerk: Die Entscheidung des Gerichtes zur Zubilligung von Entschädigungsansprüchen ist angesichts des Umstandes, dass der durch einen Verteidiger vertretene Angeklagte bereits gegenüber den festnehmenden Polizeibeamten lediglich die Tat bestritten, nicht aber auf sein Alibi hingewiesen hatte, nicht nachvollziehbar. Insoweit wird **sofortige Beschwerde** angeregt. ◀

8) Vermerk im Falle der Anregung der **Einleitung von Verfahren**:

▶ Der Zeuge Ralf Müller sagte der Wahrheit zuwider aus, der Angeklagte sei am Tattag bei ihm gewesen. Man habe gemeinsam einen Videofilm geschaut. Um welchen Film es sich konkret gehandelt habe, konnte der Zeuge auch auf Nachfrage nicht angeben. Die Aussage steht im Widerspruch zu den Aussagen der unbeteiligten Zeugen, die den Angeklagten eindeutig als Fahrzeugführer identifiziert haben. Die Aussage wurde wörtlich protokolliert. Der Zeuge wurde nicht vereidigt. ◀

Oder

▶ Der Angeklagte gab in der Hauptverhandlung wegen Diebstahls an, dass er lediglich über Leistungen vom Arbeitsamt in Höhe von 350 EUR verfügte.
Der Zeuge Ralf Müller, der im selben Haus wie der Angeklagte wohnt, erwähnte in seiner Aussage beiläufig, dass der Angeklagte jeden Morgen gegen 6:00 Uhr im „Blaumann" das Haus verlasse und von dem Firmenfahrzeug einer Baufirma abgeholt werde. Die Aussage wurde wörtlich protokolliert. Es besteht gegen den Angeklagten der Anfangsverdacht des Betruges. ◀

Vergegenwärtigt man sich stets die Adressaten und die Zwecke des Sitzungsberichtes dürften sich anfängliche Schwierigkeiten beim Erstellen des Sitzungsberichtes bald erledigen.

Wichtige Anträge

(Die Randnummern entsprechen dem Hauptteil)

I. Der Angeklagte ist nicht erschienen

1) Handelt es sich um ein Strafbefehlsverfahren, so wird der Einspruch gegen den **Strafbefehl verworfen** (§§ 412 S. 1, 329 StPO).

▶ Der Antrag lautet: Es wird beantragt, den Einspruch des Angeklagten zu verwerfen und ihm die Kosten aufzuerlegen. ◀

2) Es liegt eine Anklageschrift vor und soll **Sitzungsstrafbefehl** beantragt werden.

▶ a) (Antrag auf Geldstrafe):
Es wird beantragt, die heutige Hauptverhandlung gegen den Angeklagten auszusetzen und gegen ihn wegen der in der Anklageschrift vom [...] näher bezeichneten Tat durch Strafbefehl gemäß § 408 a StPO eine
☐ Gesamt
☐ Geldstrafe von [...]Tagessätzen zu je [...] Euro festzusetzen
☐ mit Bewilligung von Raten in Höhe von je [...] Euro monatlich

☐ Hinsichtlich der Gesamtstrafe wird die Festsetzung folgender Einzelstrafen beantragt: ◀

▶ b) eventuelle Nebenanträge:
☐ Es wird ferner beantragt,
die Fahrerlaubnis zu entziehen, den Führerschein einzuziehen und
eine Sperrfrist von ☐ [...] Monaten für die Erteilung der Fahrerlaubnis anzuordnen,
☐ folgende in der Anklageschrift aufgeführter Gegenstände einzuziehen: [...] ◀

▶ c) Antrag bei einer Freiheitsstrafe:
Es wird beantragt, die heutige Hauptverhandlung gegen den Angeklagten auszusetzen, ihm gemäß § 408 b Abs. 1 StPO einen Pflichtverteidiger zu bestellen und gegen ihn wegen der in der Anklageschrift vom [...] näher bezeichneten Tat durch Strafbefehl gemäß § 408 a StPO eine
☐ eine ☐ Gesamt ☐ Freiheitsstrafe von [...] festzusetzen, deren Vollstreckung zur Bewährung ausgesetzt wird)

Wichtige Anträge

☐ Hinsichtlich der Gesamtstrafe wird die Festsetzung folgender Einzelstrafen beantragt:

☐ Im Falle der Strafaussetzung zur Bewährung wird angeregt,
die Bewährungszeit auf [...] Jahre festzusetzen,
dem Angeklagten einen Bewährungshelfer beizuordnen,
und folgende Auflage zu erteilen:
☐ Zahlung einer Geldbuße in Höhe von [...] Euro an die Staatskasse
☐ in monatlichen Raten zu je [...] Euro,
☐ einer Geldauflage in Höhe von [...] in monatlichen Raten von je [...] Euro an eine gemeinnützige Organisation.
[eventuelle Nebenanträge wie bei der Geldstrafe] ◀

3) Antrag auf **Vertagung und Vorführung** zum nächsten Termin:

▶ Ich beantrage, die Hauptverhandlung zu vertagen, einen neuen Termin von Amts wegen zu bestimmen und den Angeklagten zu diesem Termin vorführen zu lassen. ◀

4) Antrag auf Vertagung und **Haftbefehl gemäß § 230 StPO**:

▶ Ich beantrage, die Hauptverhandlung zu vertagen, einen neuen Termin von Amts wegen zu bestimmen und gegen den Angeklagten Haftbefehl gemäß § 230 Abs. 2 StPO zu erlassen. ◀

5) Antrag auf Vertagung und **Haftbefehl gemäß § 112 StPO**:

▶ Ich beantrage, die Hauptverhandlung zu vertagen, einen neuen Termin von Amts wegen zu bestimmen und gegen den Angeklagten Haftbefehl gemäß § 112 StPO zu erlassen. ◀

II. Zeuge ist unentschuldigt nicht erschienen

▶ Ich beantrage, gegen den Zeugen ein Ordnungsgeld von EUR 150, ersatzweise drei Tage Ordnungshaft zu verhängen und ihm die durch sein Ausbleiben verursachten Kosten aufzuerlegen. ◀

III. Antrag auf Protokollierung nach § 183 GVG

▶ Ich beantrage die Aussage des Zeugen Müller gemäß § 183 GVG wörtlich zu protokollieren, weil der Anfangsverdacht besteht, dass sich der Zeuge Müller einer vorsätzlichen Falschaussage in dieser Hauptverhandlung strafbar gemacht hat. Der Zeuge hat erklärt, der Angeklagte sei am

Tattage bei ihm gewesen. Man habe gemeinsam einen Videofilm geschaut. Um welchen Film es sich konkret gehandelt habe, konnte der Zeuge auch auf Nachfrage nicht angeben. Die Aussage steht im Widerspruch zu den Aussagen der unbeteiligten Zeugen, die den Angeklagten eindeutig als Fahrzeugführer identifiziert haben ◂

IV. Nachtragsanklage

▶ *Nachtragsanklage*

Der Angeklagte (Personalien)

wird weiter angeklagt,

am 10.10.2019 in Wuppertal

eine fremde bewegliche Sache einem anderen weggenommen zu haben, in der Absicht sich die Sache rechtswidrig zuzueignen,

indem er

im Kaufhof in Wuppertal-Barmen ein blaues Polohemd der Marke Boss im Werte von 47 EUR in seinen Rucksack steckte und ohne zu bezahlen die Geschäftsräume verließ.

Vergehen strafbar gemäß §§ 242, 74 StGB

Das Polohemd Marke Boss unterliegt der Einziehung.

Beweismittel:
1. Geständnis des Angeklagten
2. Augenscheinsobjekt: Polohemd der Marke Boss

Es wird beantragt, die Nachtragsanklage in das Hauptverfahren gegen den Angeklagten vor dem Amtsgericht Wuppertal wegen Diebstahls (Aktenzeichen:) einzubeziehen.

Unterschrift ◂

V. Befangenheitsantrag

▶ Staatsanwaltschaft
Aktenzeichen/Datum

In der Strafsache gegen Paul Hartmann wegen Diebstahls

lehne ich den Richter am Amtsgericht Müller wegen der Besorgnis der Befangenheit ab

Richter am Amtsgericht Müller hat in der Hauptverhandlung noch vor Aufruf der Sache in Gegenwart des Verteidigers bei dem Unterzeichner als Sitzungsvertreter der Staatsanwaltschaft angeregt, das Verfahren gemäß § 153 StPO einzustellen. Auf die Erklärung des Unterzeichners, dass er zu diesem Zeitpunkt einer solchen Verfahrensweise nicht zustimme, hat Richter am Amtsgericht Müller hörbar erklärt, dass die Anklageschrift sowieso nicht viel tauge und auch der Umstand, dass die Staatsanwaltschaft einen offensichtlich unqualifizierten Sitzungsvertreter schicke, zeige, dass sie die Sache verloren gebe.

Zur Glaubhaftmachung beziehe ich mich neben meiner obigen Erklärung auch auf die dienstliche Äußerung des abgelehnten Richters

Die Äußerung begründet bei verständiger Würdigung berechtigte Zweifel an der Neutralität des abgelehnten Richters. ◀

VI. Einstellungsantrag § 206a/260

▶ Ich beantrage, das Verfahren gemäß § 260 Abs. 3 StPO einzustellen, weil Verjährung eingetreten ist. ◀

VII. Einbeziehung einer Verurteilung und Gesamtstrafenbildung

▶ Ich beantrage, den Angeklagten für den Diebstahl zu einer Geldstrafe von 60 Tagessätzen zu je 10 EUR und für den Betrug zu einer Geldstrafe von 40 Tagessätzen zu je 10 EUR zu verurteilen und unter Einbeziehung der Verurteilung vom 10.12.2019 (24 Ds 28 Js 610/19) eine Gesamtgeldstrafe von 90 Tagessätze zu je 10 EUR zu bilden. ◀

VIII. Nebenantrag: Haftfortdauer

▶ Ich beantrage, den Angeklagten wegen Diebstahls im besonders schweren Fall zu einer Freiheitsstrafe von 1 Jahr und 8 Monaten zu verurteilen.

Außerdem beantrage ich, unter Umstellung des Haftbefehls auf den Vorwurf des Diebstahls im besonders schweren Fall, Haftfortdauer gegen den Angeklagten anzuordnen. ◀

IX. Nebenantrag §§ 69, 69a StGB

▶ Ich beantrage den Angeklagten zu einer Geldstrafe von 50 Tagessätzen zu je 30 EUR zu verurteilen. Außerdem beantrage ich, seine Fahrerlaubnis zu entziehen, den Führerschein einzuziehen und eine Sperrfrist von sechs Monaten anzuordnen. ◀

X. Einziehung

▶ Die Anträge lauten zB
a) Einziehung des Erlangens:
Es wird beantragt, gemäß § 73 Abs. 1 StGB die Einziehung des/der {konkreter Gegenstand} anzuordnen.

b) Antrag zur Einziehung des Tatmittels/-produktes:
Es wird beantragt, gemäß § 74 Abs. 1 StGB die Einziehung des/der {konkreter Gegenstand} anzuordnen.

c) Antrag zur Einziehung des Wertes von Taterträgen:
Der Angeklagte hat aus der Tat {Gegenstände im Wert von insgesamt} ... EUR erlangt. Da die Einziehung nur des Wertes möglich ist, wird beantragt, nach § 73c StGB die Einziehung von Wertersatz in Höhe von .... EUR anzuordnen.

XI. Adhäsionsantrag

▶ Ich beantrage außerdem, den Angeklagten zur Leistung von 1.000 EUR Schmerzensgeld sowie 700 EUR Schadenersatz für die zerstörte Brille und die zerstörte Jacke an den Nebenkläger zu verurteilen. ◀

XII. Einbeziehung Jugendstrafrecht

328 ▶ Ich beantrage, den Angeklagten unter Einbeziehung der Verurteilung vom 20.12.2019 (Aktenzeichen...) zu zwei Wochen Jugendarrest zu verurteilen.

XIII. Freispruch und Entschädigung

352 ▶ Ich beantrage den Angeklagten freizusprechen. Die Kosten und notwendigen Auslagen des Angeklagten sind der Staatskasse aufzuerlegen Es wird weiter beantragt, gemäß § 8 StrEG festzustellen, dass der Angeklagte für einen durch die vorläufige Entziehung seiner Fahrerlaubnis in der Zeit vom 1.2.2019 bis zum 30.6.2019 erlittenen Vermögensschaden nach § 2 StrEG zu entschädigen ist. ◀

XIV. Freispruch /Versagung der Entschädigung

362 ▶ Des weiteren beantrage ich gemäß § 8, 5 Abs. 2 StrEG festzustellen, dass der Angeklagte für einen durch die vorläufige Entziehung seiner Fahrerlaubnis in der Zeit vom 1.2.2019 bis zum 30.6.2019 erlittenen Vermögensschaden nicht zu entschädigen ist, weil er diese Maßnahme selbst grob fahrlässig verursacht hat. ◀

Notiz- und Plädoyerformulare: Die auf den folgenden Seiten abgedruckten Formulare sind dazu gedacht, dass Sie sie kopieren und jeweils für Ihre Notizen verwenden. Sie stellen natürlich ein sehr floskelhaftes Gerippe dar und sollen Ihnen lediglich über anfängliche Schwierigkeiten hinweghelfen.

Notiz-/Plädoyerformular[1]

Angeklagter:
Beruf:
Nettoeinkommen: – Ehefrau (20 %)   Kinder: 10 %   ./.30=
Tagessatzhöhe:
Vorwurf:
Einlassung:

Zeugen:

Sonstige Beweismittel (Urkunden/BAK:)

Plädoyer (**Verurteilung**)
Hohes Gericht, Herr Verteidiger, nach dem Ergebnis der Beweisaufnahme steht ohne vernünftigen Zweifel fest,

☐ dass sich der Angeklagte wegen der ihm in der Anklage vorgeworfenen Straftaten strafbar gemacht hat.

☐ dass sich am Tattage folgender Sachverhalt ereignet hat:

☐ Der Angeklagte hat gestanden.

---

1 Ausdrucken unter www.dieblauen.info unter der Rubrik Referendariat.

☐ Der Angeklagte bestreitet. Seine Einlassung ist nicht überzeugend, weil

☐ Zeugen haben angegeben:

☐ Der Zeuge (...) erscheint glaubwürdig,
☐ hat kein persönliches Interesse am Ausgang.
☐ Soweit der Zeuge ein persönliches Interesse hat, hat er ohne Be-/Entlastungstendenz ausgesagt, hat er erkennbar sich auf Fakten beschränkt und nahe liegende, einer Be-/Entlastungstendenz folgende Angaben nicht gemacht.

☐ Die Aussage des Zeugen war auch glaubhaft:
☐ der Zeuge hat eine detaillierte und konstante Schilderung des Geschehens gemacht. Die Aussage war widerspruchsfrei. Der Zeuge hat sich auf das beschränkt, was er beobachten konnte und nur das geschildert, was er noch in Erinnerung hatte. Er war in der Lage, auf Fragen seine Angaben zu ergänzen. Die von ihm geschilderte originelle Einzelheit spricht für die Glaubhaftigkeit.

☐ Die Aussagen sämtlicher Zeugen ergänzen zeitlich und bezüglich der einzelnen Beobachtungen widerspruchsfrei zu einem Gesamtbild.

Notiz-/Plädoyerformular

Der Angeklagte hat sich danach wegen

☐ der ihm im Anklagesatz vorgeworfene Straftaten

☐ in Tateinheit/Tatmehrheit

strafbar gemacht. §§ (...)
Es stellt sich deshalb die Frage/ist zu entscheiden, wie der Angeklagte zu bestrafen ist.

Der gesetzliche Strafrahmen sieht vor:
zu berücksichtigen ist,
☐ zugunsten des Angeklagten

☐ Zu Ungunsten

☐ Unter Berücksichtigung aller Umstände erscheint eine **Geldstrafe** noch tat- und schuldangemessen:

Ich beantrage deshalb, den Angeklagten

☐ 1) wegen (...) zu einer Geldstrafe von (...) Tagessätzen zu je und
☐ 2) wegen (...) zu einer Geldstrafe von (...) Tagessätzen zu je zu verurteilen.

☐ 3) Hieraus beantrage ich gegen den Angeklagten eine Gesamtstrafe von (...) Tagessätzen zu je (...) zu bilden.

☐ Außerdem beantrage ich, die Fahrerlaubnis zu entziehen, den Führerschein einzuziehen und eine Sperrfrist für die Erteilung einer Fahrerlaubnis von (...) Monaten anzuordnen.

Schließlich wird beantragt, gemäß § 73 Abs. 1/74 Abs. 1 StGB die Einziehung des/der {konkreter Gegenstand} anzuordnen.

Der Angeklagte hat aus der Tat (Gegenstände im Wert von insgesamt) ... Euro erlangt. Da die Einziehung nur des Wertes möglich ist, wird beantragt, nach § 73c StGB die Einziehung von Wertersatz in Höhe von ... EUR anzuordnen.

Notiz-/Plädoyerformular

Freiheitsstrafe

☐ Die Verhängung einer **Freiheitsstrafe** erscheint angesichts der Umstände der Tat und der Persönlichkeit des Angeklagten zur Einwirkung auf den Angeklagten unerlässlich

Ich beantrage deshalb, gegen den Angeklagten
☐ 1) wegen (...) eine Freiheitsstrafe von (...) Monaten zu verhängen,
☐ 2) wegen (...) eine Freiheitsstrafe von (...) Monaten zu verhängen.

☐ 3) Hieraus beantrage ich eine Gesamtfreiheitsstrafe von 1 Jahr/ (...) Monaten zu bilden.

☐ Da dem Angeklagten als Bewährungsversager keine positive Sozialprognose gestellt werden kann und nicht damit zu rechnen ist, dass ihn allein die Verhängung einer Bewährungsstrafe von weiteren Straftaten abhält, ist diese Freiheitsstrafe nicht zur Bewährung auszusetzen.

☐ Da dem Angeklagten eine positive Gesamtprognose gestellt werden kann und davon ausgegangen werden kann, dass er sich die Verurteilung zur Warnung nimmt/auch ohne Strafverbüßung keine weiteren Straftaten begehen wird, beantrage ich, die Strafe zur Bewährung auszusetzen.

Notiz-/Plädoyerformular

Ich beantrage insoweit ihm folgende Bewährungsauflagen aufzuerlegen

☐ eine Geldauflage von (...) Euro in monatlichen Raten zu je (...) an

☐ die Staatskasse ☐ eine gemeinnützige Einrichtung

☐ monatlich (...) Euro Unterhaltsleistungen zu erbringen

☐ einen Betrag von (...) an den Geschädigten zu zahlen

☐ an einem sozialen Trainingskurs / Antiaggressionstraining / Alkoholtherapie teilzunehmen

☐ Außerdem beantrage ich, die Fahrerlaubnis zu entziehen, den Führerschein einzuziehen und einer Sperrfrist für die Erteilung einer Fahrerlaubnis von (...) Monaten anzuordnen.

☐ Schließlich wird beantragt, gemäß § 73 Abs. 1/74 Abs. 1 StGB die Einziehung des/der {konkreter Gegenstand} anzuordnen.

Der Angeklagte hat aus der Tat (Gegenstände im Wert von insgesamt) ... EUR erlangt. Da die Einziehung nur des Wertes möglich ist, wird beantragt, nach § 73c StGB die Einziehung von Wertersatz in Höhe von ... EUR anzuordnen.

Notiz-/Plädoyerformular

Verurteilung vor dem Jugendrichter:

☐ Der Angeklagte war zu dem Tatzeitpunkt (...) Jahre alt. Er war zwar noch Jugendlicher, konnte aber das Unrecht seiner Tat erkennen und handelte mit Verantwortungsreife.

☐ Der Angeklagte war zur Tatzeit (...) Jahre alt. Damit war er Heranwachsender.

☐ Der Angeklagte ist nach seiner Entwicklung nicht mehr einem Jugendlichen gleichzusetzen, sondern einem Erwachsenen, er ist nach Erwachsenenstrafrecht zu verurteilen. **Strafen wie oben:**

☐ Er stand jedoch seiner Entwicklung nach einem Jugendlichen gleich und ist nach Jugendstrafrecht zu verurteilen.

Insoweit ist den Ausführungen der Jugendgerichtshilfe zuzustimmen.

Der Angeklagte ist noch im Elternhaus integriert, gibt seinen Lohn ab, erhält Taschengeld, machte in der Hauptverhandlung einen entsprechenden persönlichen Eindruck. Die Tat stellt eine typische Jugendverfehlung dar.

Bei der Frage, wie die Tat zu sanktionieren ist, steht der Erziehungsgedanke im Vordergrund.

Zu berücksichtigen sind aber auch

Notiz-/Plädoyerformular

Es wird deshalb beantragt, den Angeklagten zu verurteilen,

☐ (...) Arbeitsstunden nach Weisung des Jugendamtes zu leisten

☐ eine Geldstrafe von (...) zu zahlen

☐ zu 1–2 Freizeitarresten

☐ zu 1–2–3–4 -Wochen Dauerarrest

☐ an einem sozialen Trainingskurs/ ☐ Antiaggressionstraining / ☐ Alkoholtherapie teilzunehmen

☐ Außerdem beantrage ich, die Fahrerlaubnis zu entziehen, den Führerschein einzuziehen und einer Sperrfrist für die Erteilung einer Fahrerlaubnis von (...) Monaten anzuordnen.

Schließlich wird beantragt, gemäß § 73 Abs. 1/74 Abs. 1 StGB die Einziehung des/der {konkreter Gegenstand} anzuordnen.

Der Angeklagte hat aus der Tat (Gegenstände im Wert von insgesamt) ... Euro erlangt. Da die Einziehung nur des Wertes möglich ist, wird beantragt, nach § 73c StGB die Einziehung von Wertersatz in Höhe von ... EUR anzuordnen.

Notiz-/Plädoyerformular

Freispruch:

Dem Angeklagten wurde ein (...) zur Last gelegt. Er hat die Tat bestritten und sich eingelassen

In der Hauptverhandlung konnte der Sachverhalt nicht mit ausreichender Sicherheit bewiesen werden.

Die Zeugen ☐ konnten sich nicht erinnern ☐ haben den Vorwurf nicht bestätigt.

Es blieben damit Zweifel, die zugunsten des Angeklagten wirken. Der Angeklagte ist freizusprechen. Die Kosten und notwendigen Auslagen des Angeklagten sind der Staatskasse aufzuerlegen.

Nebenanträge:
☐ Ich beantrage den Haftbefehl nach §§ 112 StPO aufzuheben.

☐ Es wird weiter beantragt, gemäß § 8 StrEG festzustellen, dass der Angeklagte für einen ☐ durch die Untersuchungshaft ☐ vorläufige Entziehung seiner Fahrerlaubnis in der Zeit vom bis zum erlittenen Vermögensschaden nach § 2 StrEG zu entschädigen ist.

Außerdem beantrage ich gemäß § 8, 5 Abs. 2 StrEG festzustellen, dass der Angeklagte für einen durch die vorläufige Entziehung seiner Fahrerlaubnis in der Zeit vom bis zum erlittenen Vermögensschaden nicht zu entschädigen ist, weil er diese Maßnahme selbst grob fahrlässig verursacht hat.

Sitzungsberichtsformular

Sitzungsbericht

Staatsanwaltschaft
Aktenzeichen_____
Handakten

Sitzungsvertreter: Referendar/in_____   (Ausbilder/in:_____)
Tag der Hauptverhandlung: _____

Zahl der Angeklagten: _____, hier gegen:

☐ Strafsache
☐ Bußgeldsache
☐ Haftsache
☐ Verständigung gemäß § 257c StPO
☐ Fortsetzung der HV v.

Antrag	Entscheidung
gegen	

Sitzungsberichtsformular

Vfg.

1) Vermerke:

a) Kennziffern: [   ]

b) ☐ ☐ Angeklagter_____ hat auf Rechtsmittel verzichtet.

c) ☐ Haftentlassung des _____ ist veranlasst.

d) ☐ Vordruck Unterrichtung der JVA ist ausgefüllt,

e) ☐ Einleitung eines Verfahrens
gegen _____
wegen _____ ist geboten.
(Erläuterung s. oben oder Anlage)

f) ☐ Rechtsmittel/Berufung wird angeregt, Begründung siehe oben bzw. gesonderte Anlage

g) ☐ Sonstige Hinweise/Vermerke siehe Anlage

2) Vorzulegen

☐a) Fr./H. Ausbilder
☐b) Fr./H. AL
☐c) Fr./H. Dez.

_____(Referendar/in)

Stichwortverzeichnis

Die Angaben verweisen auf die Randnummern des Buches.

§ 32 JGG
- Schwergewicht 329

Absprachen 7
Abtrennung 16
Adhäsionsverfahren 318
Alkohol 195
- Blutalkoholkonzentration 197
- Blutprobe 198
- nachteilige Alkoholisierung 199, 212
- Resorptionsdefizit 211
- Resorptionszeit 200
- Rückrechnung 200
- vorteilige Alkoholisierung 204, 213
- Widmarkformel 208

Amtsaufklärung 125
Amtsaufklärungspflicht 127
Angeklagter
- Ausbleiben 18
- Einlassung 56
- Personalien 32
- Schweigen 273

Anklagesatz 39
- Verlesung 39
- Verzicht auf Verlesung 40

Anklageschrift
- Abtrennung 42
- Änderungen 43

Antiaggressionstraining 241
Asservate 260
Aufbauseminar für alkoholauffällige Verkehrstäter 241
Aufruf der Sache, Anwesenheit 15
Augenschein 109

Ausbleiben, Entschuldigung 19
Auskunftsverweigerungsrecht 82, 86, 98
- Mittäter 85

Ausländischer Führerschein 306
Aussetzung 67
Bedeutender Schaden 299
Befangenheit 167, 168
- Ablehnungsverfahren 180
- Richter 170
- Sachverständiger 189
- Staatsanwalt 192
- unzulässig 185

Befangenheitsgesuch, Glaubhaftmachung 183
Befundtatsachen 117, 118
Beschränkung der Strafverfolgung § 154a 252
Beugehaft 98
Bewährung 288
Bewährungshilfe 261
Beweisantrag 126
- Ablehnung 142
- Bedeutungslosigkeit 144
- Beiziehung von Urkunden 139
- Beweisbehauptung 132
- Beweismittel 136
- Beweismittel, nicht präsentes 143
- Beweismittel, präsentes 142
- Beweistatsache 130
- Konnexität 135
- Negativtatsache 133
- Sachverständigenbeweis 138, 149

Stichwortverzeichnis

- Ungeeignetheit 147
- Zeugenbeweis 137

Beweisantragsrecht 128
Beweisaufnahme 125
Beweisermittlungsantrag 131
Beweismittel, unerreichbares 148
Beweiswürdigung 271

Dauerarrest 335
Dienstliche Äußerung 184
Doppelverwertung, unzulässige 282

Einkommen 33, 35
- Existenzminimum 37
- Lebenspartner 36
- Schätzung 38
- Unterhalt 36

Einleitung neuer Ermittlungsverfahren 379
Einstellung, grundsätzliche Erwägungen 221
Einstellung § 153 224
- Anhörung einer Behörde 230
- geringe Schuld 225
- öffentliches Interesse 226
- Ordnungswidrigkeit 227

Einstellung § 153a 231
- Antiaggressionstraining 241
- Aufbauseminar (Alkohol) 241
- Geldauflage 235
- gemeinnützige Leistung 236
- Täter-Opfer-Ausgleich 238
- Unterhaltsleistung 237

Einstellung § 154 (Mehrfachtäter) 243
- Gesamtstrafe 248
- ins Gewicht fallende Strafe 244
- neue Verurteilung 246

Einstellung § 154a 252

Einstellung § 206a/260 255
Einstellung § 47 JGG, Kostenentscheidung 258
Einstellung nach Jugendstrafrecht 331
Einzelstrafe 293
Einziehung § 74 StGB 310
- instrumenta sceleris 312
- producta sceleris 312

Einziehung von Taterträgen oder Wertersatz 316
Entschädigung 347
Ermahnung (Störung) 219
Ermessen 221
Erwiderung 365
Erziehungsmaßregel 332

Fahrerlaubnis, Entziehung 298
Fahrverbot 308
Falschaussage 96, 97
Fortsetzung 66
Fragerecht 57
- Zurückweisung 94

Freie Beweiswürdigung 271
Freiheitsstrafe 286, 288
- Auflagen und Weisungen 292
- Bewährung 289
- Bewährungshelfer 292
- kurze Freiheitsstrafe 287
- Sozialprognose 290
- Verteidigung der Rechtsordnung 291

Freispruch 345
Freizeitarrest 335

Geldstrafe 285
Gesamtstrafe 293
- Einzelstrafe 293
- nachträgliche 294

Stichwortverzeichnis

Haftbefehl
- § 112 StPO 28
- § 112 StPO Antrag 29
- § 230 StPO 26
- § 230 StPO Antrag 27

Handakten 1

Hauptverhandlung, Störung 216
- Ungebühr 217

Heranwachsender 325

Hilfsbeweisantrag 140

Hinweis
- Aussetzung 155

Hinweis, rechtlicher 151

In dubio pro reo 277

Informatorische Befragung 77, 103

Jugendarrest 335

Jugendgerichtshilfe 322

Jugendgerichtsverfahren, Verständigung 323

Jugendlicher 324
- Verantwortungsreife 324

Jugendstrafe 342, 343
- Bewährung 340
- Vorbehaltene 341

Jugendstrafe/Einheitsstrafe 326, 336
- Einbeziehung 327
- Schädliche Neigungen 339
- Schwere der Schuld 344

Jugendstrafrecht/Sanktionen 330

Kognitionspflicht 159

Konnexität 135

Kopplungsarrest 343

Kostenentscheidung/Einstellung 258

Kosten im Jugendverfahren 344

Kurzarrest 335

Ladung, ordnungsgemäße 17

MEStA 3

Mittäter 86

Mosaiktheorie 86

Nachträgliche Gesamtstrafe 294

Nachtragsanklage 156, 164
- Muster 166
- Zustimmung des Angeklagten 165

Nachtrunk 214

Nebenfolgen 296
- Fahrerlaubnis 298
- Fahrerlaubnis, ausländische 306
- Fahrerlaubnis, Sperrfrist 301
- Fahrerlaubnis, vorläufige Entziehung 305, 307
- Fahrverbot 308
- Untersuchungshaft 296

Nebenklage 104
- Beistand 108

Nebenkläger 15

Nettoeinkommen 34

Obergutachter 150

Opferrechtsreformgesetz (2.) 91

Ordnungsgeld 219
- Antrag 64

Ordnungshaft 219

Ordnungswidrigkeit (§153) 228

Pflichtverteidiger 45
- § 140 Abs. 1 StPO 46
- § 140 Abs. 2 StPO 47
- Auswahl 54
- Jugendstrafverfahren 53
- Schwere der Tat 48

Stichwortverzeichnis

- Schwierigkeit der Sach- und Rechtslage 49
- Vertrauensverhältnis 54

Plädoyer 265

Protokollierungsantrag 97

Rechtlicher Hinweis 151

Rechtsmittelverzicht 366

Regelfall 300

Resorptionsdefizit 211

Resorptionszeit 200

RiStBV 6

RiStBV Nr.90 (Behörde) 230

Sachverständiger 111
- Anknüpfungstatsachen 117
- Befangenheit 189
- Befundtatsachen 117
- Glaubwürdigkeitsgutachten 114

Schadenersatz (Adhäsionsverfahren) 318

Schädliche Neigungen 337

Schmerzensgeld (Adhäsionsverfahren) 318

Schwere der Schuld 338

Sitzungsrolle 1

Sitzungsstrafbefehl 21
- Antrag 22

Sozialprognose 290

Sperrfrist 301

StORMG 321

Strafbefehl
- Verlesung 44
- Verwerfung 20

Strafklageverbrauch 160

Strafzumessung 278
- Spielraumtheorie 280
- Strafzumessungstatsachen 281

StrEG 348
- Ausschluss 353
- Fahrerlaubnisentzug 349
- fährlässige Verursachung 359
- Grundentscheidung 350
- Untersuchungshaft 349
- Vermögensschaden 351
- Versagung 362

Tagessatz 33

Tat, prozessuale 157, 269
- Idealkonkurrenz 162
- Lebenssachverhalt 161

Täter-Opferausgleich 238

Taterträge, Bruttoprinzip 317

Tatwerkzeug (Einziehung) 312

Teilfreispruch 364

Trainingskurs, sozialer 241

Überhaft 31

Umgrenzungsfunktion 158

Ungebühr 218

Unmittelbarkeitsgrundsatz 81

Unparteilichkeit (Richter) 170

Unterbrechung 66

Unterhaltsleistung (Auflage) 237

Untersuchungshaft 363
- Fortdauer 297

Urkunden, Verlesung 122

Urteilsformel 268

Verhörsperson 76

Verlesung
- Urkunden 122
- Vernehmungsprotokoll 123

Verlöbnis 70

Vermögensschaden 351

Vernehmungsprotokoll 124

Stichwortverzeichnis

Verständigung 8
- Belehrung 13
- Bindung 14
- Dokumentation 12
- Geständnis 9
- Jugendgerichtsverfahren 323
- Mitteilung 12
- Rechtsmittelverzicht 14
- Sanktionsschere 11
- unzulässiger Inhalt 10
- zulässiger Inhalt 11
- Zustandekommen 14

Vertagung 67
Verwarnung 333
Verwarnung (jugendliche) 333
Vorführbefehl, § 230 StPO 23
Vorführung
- Antrag 25
- Überhaft 30

Vorläufige Entziehung der Fahrerlaubnis 304

Warnschussarrest 342, 343
Weisungen/Jugendstrafrecht 332
Widmarkformel 208
Wortprotokoll 96

Zeuge 60
- Antrag 100
- audiovisuelle Vernehmung 88
- Auskunftsverweigerungsrecht 82
- Ausschluss der Öffentlichkeit 89
- Beanstandung von Fragen 93, 94
- Belehrung 68
- Erinnerungsfähigkeit 115
- Fernbleiben 61
- Fragerecht 92
- Glaubhaftigkeit der Aussage 275
- Glaubwürdigkeit 273
- Ordnungsgeld 63
- persönlicher Lebensbereich 90
- Spontanäußerung 78
- unentschuldigtes Fernbleiben 62
- Vereidigung 99, 100
- Verzicht 101
- Vorstrafen 91

Zeugenaussage, Verwertungsverbot 75
Zeugnisverweigerungsrecht 69, 70
- Belehrung 73
- Ehe 71
- Lebenspartner 71
- Verwandtschaftsgrad 74

ZStV 2
Zuchtmittel/Jugendstrafrecht 333
Zusatztatsachen 119